Ulfilas Meyer

# Happy Aging

HERDER spektrum

Band 5391

Das Buch

„Happy-Aging“ statt „Anti-Aging“. Wer sein Alter verdrängt und verneint, gegen es kämpft, lebt am Leben vorbei, macht sich unglücklich. Dem Autor geht es nicht um den Kampf gegen, sondern um die Chancen, die diese immer länger werdende Lebensphase uns bieten. Er will Mut machen für die unumkehrbaren Lebensprozesse, die, sofern sie in Offenheit und Akzeptanz gelebt werden, immer auch Reifen und Ganzwerden bedeuten. Dieser Weg der Wandlung ist markiert durch wachsende Achtsamkeit und der Freude am Verweilen im Augenblick, durch immer neu entfachte Lebensleidenschaft bei gleichzeitiger Vereinfachung vieler Grundformen, durch Entschleunigung und wachsendes Mitgefühl, durch Gelassenheit, Einsicht und eine grundlegende Heiterkeit. Wer loslassen lernt, wird großzügig – gegen sich und gegen andere; dessen Herz wird offen auch für das alltägliche kleine Glück. Happy-Aging ist Einladung und Verheißung und die menschengemäße Alternative zu Anti-Aging.

Der Autor

Ulfilas Meyer, Jahrgang 1951, Studium der Pädagogik, Theaterwissenschaften und Psychologie, Diplompsychologe, Gestalttherapeut, Lehrer für Bewusstes Laufen. Verheiratet, zwei Kinder. Lebt in der Fränkischen Schweiz. Psychotherapeut in eigener Praxis in Nürnberg. Autor von „*Happy running* – Lauflust. Die sieben Weisheiten des Laufens“, „*Born to Run* – zum Laufen geboren“.

Ulfilas Meyer

# Happy Aging

## Den Rhythmus des Lebens finden

HERDER

FREIBURG · BASEL · WIEN

*Meinen Eltern*

Illustrationen: Diana Stahl

Gedruckt auf umweltfreundlichem,
chlorfrei gebleichtem Papier

Originalausgabe


www.herder.de
Satz: Dtp-Satzservice Peter Huber, Freiburg
Herstellung: fgb · freiburger graphische betriebe 2004
www.fgb.de
Umschlaggestaltung und Konzeption:
R·M·E München / Roland Eschlbeck, Liana Tuchel
Umschlagmotiv: © The Image Bank
ISBN 3-451-05391-8

*Glücklich sein, heißt, einen guten Genius haben oder gut sein.*
*Was machst Du also hier, Einbildung?*
*Hebe Dich hinweg, bei den Göttern, wie Du gekommen bist;*
*ich brauche Dich nicht.*
*Du bist gekommen nach Deiner alten Gewohnheit.*
*Ich zürne Dir nicht; nur geh' wieder!*

Marc Aurel

# Inhaltsverzeichnis

*Doctor, please, some more of these*
*outside the door, she took four more*
*what a drag it is getting old.*

Jagger/Richard

## EINLEITUNG – 12 Weisheiten für das Altern

Stellen Sie sich einmal eine Blume vor, vor allem, wie sie wächst und sich entfaltet. Zuerst schauen die Spitzen der Blätter aus der Erde. Nach und nach schieben sie sich weiter heraus, werden größer und größer und nehmen ihre endgültige Form an. In ihrer Mitte ist ein Blütenstil erschienen und an ihm entwickeln sich eine oder mehrere Blüten. Die Knospen wachsen und nach einer Weile öffnen sie sich. Die Blume blüht. Dann verblüht sie. Die Blumenblätter werden kraftlos und knittrig und fallen ab. Es bleibt die Samenanlage. Sie reift und vollendet sich, fällt herunter oder wird vom Wind oder von Tieren davongetragen. Auch die Blätter werden kraftloser und ändern ihre Farbe. Sie vergilben und auch sie fallen ab. Je nach ihrer Anlage vergeht die Blume endgültig oder reduziert ihren Lebenskern in die Knollen und Wurzeln um noch einige Jahreszeiten nach demselben Muster weiterzuleben.

Die Blume reift von sich aus und aus sich heraus. Sie entwickelt sich zu ihrem Ziel hin, hinterlässt Spuren, trägt ihre Gene weiter oder lässt sie weitertragen und vergeht. Ihr ist es nicht vergönnt, darüber befinden zu können. Sie hat keine Meinung dazu. Manche sagen, sie ist in der glücklichen Lage, dazu nicht fähig zu sein. Sie kann nicht auf den Gedanken kommen, diesen Entwicklungs- und Reifungsprozess beeinflussen und verändern, stoppen oder umkehren zu wollen. Es sei denn, ihre Umweltbedingungen oder ihre Anlagen machen Modifizierungen nötig. Dann tut sie es, allerdings ohne darüber nachzudenken, für ihr Überleben und zum Nutzen der Art oder übergeordneter Systeme. Ganz genau wissen wir es natürlich nicht.

Die Menschen hingegen *machen* etwas aus diesem Vorgang. Vor allem machen sie sich viele Gedanken, sehr viele Gedanken, über ihre Entwicklung z.B. und was sie daran ändern könnten. Zu jeder Entwicklungsphase produzieren sie Berge von Informationen und Büchern. Die Erkenntnisse vermehren sich rapide und werden unübersichtlich. Sie wechseln und widersprechen sich. Oft klären sie auf und helfen, oft verwirren und verunsichern sie. Die Menschen suchen etwas, an dem sie sich festhalten können, ein festes Wissen, das sie abheften und speichern können.

Etwa um den Beginn ihrer 2. Lebenshälfte nennen die Menschen ihre Entwicklung „alt werden“ oder „alt sein“, selten „reifen“. Weniger vom Werden und Vergehen ist dann die Rede, mehr von verpassten Chancen und „ewiger Jugend“. Sie entwickeln Pläne und kultivieren Methoden, um die Prozesse des Alterns zu beeinflussen. Am liebsten würden sie sie radikal verlangsamen oder gar anhalten. Bis in die Sprache drückt sich aus, dass solche *Zustände* hergestellt und zementiert werden wollen. Das fließende und unumkehrbare der biologischen Entwicklung scheint nur zähneknirschend oder schwer bis gar nicht akzeptiert zu werden.

Die Menschen wollen jung *bleiben* und nicht alt *werden*. Andererseits wollen alle alt werden, aber nicht alt sein.

Natürlich ist die Vorstellung des Todes für den reflektierenden und auf Erhalt der Form getrimmten Geist nahezu unvorstellbar und stark beängstigend. Natürlich setzen die Menschen alles daran, die Entwicklung zum Tod hin aufzuhalten oder zu verlängern.

Im Gegensatz zur Blume wollen sie ganz bewusst ihren Entwicklungsprozess beeinflussen und verändern, nicht nur als nötige Reaktion auf die Umwelt, sondern einfach weil sie es wollen. Und im Gegensatz zur Blume ist ihnen das auch möglich.

Die durchschnittliche Lebenserwartung in den Industrieländern hat sich im letzten Jahrhundert entscheidend nach oben verschoben von etwa 43 Jahren zu Anfang des Jahrhunderts auf 75 bis 80 Jahre heute. Der durchschnittliche Gesundheitszustand hat sich verbessert. Defizite können durch medizinische, technische und organisatorische Hilfe besser ausgeglichen werden. Die Arbeitszeit hat sich verringert, die finanziellen Möglichkeiten haben sich vermehrt. All dies gilt natürlich nur in bestimmten Ländern und auch nur für bestimmte Gruppen, dort, wo die Existenz gesichert ist und die Verfeinerung der Bedürfnisbefriedigung sich bereits in vollem Gange befindet.

Es ist den Menschen auch möglich, andere Menschen, andere Gruppen und ganze Völker nicht nur an einem einigermaßen zufriedenstellenden Alltag, sondern am Leben überhaupt zu hindern durch Mord, Krieg, strukturelle Gewalt, Zerstörung des Ökosystems und die einseitige Fixierung auf die materielle Verwertbarkeit alles Machbaren.

Die Menschen machen und manipulieren mit aller Macht an allem herum, auch an ihrem Alter. Fragwürdiger Höhepunkt sind die lebenserhaltenden Maßnahmen in lebensunwürdigem Zustand.

Die Menschen gaukeln sich gegenseitig etwas vor, versprechen sich permanente Verjüngung und träumen, wie schon immer, vom ewigen Leben. Ob das alles zum Nutzen der Art oder höherer Systeme sein kann oder sein soll, wissen wir nicht. Glauben können wir das nur schwer.

Nicht möglich ist es den Menschen jedoch, die grundsätzliche Entwicklung vom Werden und Vergehen zu ändern. Wie die Blume reift der Mensch von sich aus und aus sich heraus, entwickelt sich zu einem Ziel hin, hinterlässt Spuren und oft auch seine Gene und vergeht.

Wie bei der Blume ist das Scheitern inbegriffen. Ungleich der Blume jedoch ist das von ihm oft gewollt oder wird nicht verhindert.

Dennoch und umso mehr hegt der Mensch die Illusion, er könne dem Unausweichlichen ausweichen. In dem Maße, in dem er diese Phantasie ausschmückt, vernebelt er sein Ziel, zu dem hin er sich entwickeln könnte und sollte. Ungleich der Blume erschwert bis verunmöglicht er sich die Zielfindung durch Verdrängungen und Illusionen, die abseits des Weges liegen.

Eines der wesentlichen Ziele, die es für den Menschen, weil er ein Mensch ist, zu akzeptieren und im Grunde anzupeilen gilt, verstellt er sich hartnäckig: das Vergehen, das nicht nur aus einem unter Umständen plötzlichen Ereignis besteht, sondern ein langdauernder, lebenslanger, phasenweise leidvoller, unterschiedlich wahrnehmbarer Prozess ist.

Er geht sogar noch weiter. Er definiert diesen Prozess und das Alter, zu dem die Entwicklung des Alterns ja führt, als etwas Nutzloses, Uninteressantes, als etwas Überflüssiges, als etwas, das es auszusortieren und wegzuräumen gilt, als eine Krankheit, die behandelt werden muss, für die es aber Heilungschancen gibt.

Am liebsten würde der Mensch dieser Entwicklungsphase und allen, die sich in ihr bewegen, die Energie entziehen. Er versucht das, indem er die andere Seite des Entwicklungsweges, die eher seinen Beginn markiert, ins Rampenlicht stellt und mit Aufmerksamkeit überhäuft. Einseitig wird das Werden gefeiert. Wiederum jedoch in ausdauernder Verneinung des Prozesshaften und nicht als eine fließende und flexible Bewegung, in der das Neue aus dem Alten wird und das Vergehen damit schon immer in sich birgt, sondern als etwas Statisches, als einen Zu-stand, der am liebsten betoniert werden sollte.

Nicht nur deswegen trägt der Jugendkult zuweilen grimassenhaft erstarrte Züge. Sei es, dass die der tatsächlichen Jugend vorgegebenen oder angebotenen ästhetischen und geistigen Optionen nur enge und programmierte Pfade offen halten, die zudem, wie in der Popszene zu beobachten ist, gleich wieder abbrechen, um eine neue Jugend zu generieren. Sei es, dass die, die den Weg der Entwicklung zurückgehen wollen, marionettenhafte Masken tragen, aus denen heraus nicht nur das wahre Ziel dem Blick entschwindet, sondern auch der Mensch sich selbst nicht mehr sieht und erkennt und auch von anderen nicht mehr richtig gesehen werden kann.

Da die verschiedenen Altersphasen biographisch einen zunehmend breiteren Raum einnehmen und zunehmend mehr Menschen sich in diesem Raum aktiv und konsumierend bewegen, verändert sich etwas. Unter anderem ist ein neues Zielpublikum entstanden. Das weckt Begehrlichkeiten und so geraten die „Alten“ und die, die es bald werden und das sind alle, die nicht mehr beim Spiel der Jugend mitmachen dürfen, wieder ins Blickfeld. Die sich stetig vergrößernde Schar potentieller Konsumenten gilt es in die richtigen, die verwertbaren Bahnen zu lenken.

Möglich machen das die Mechanismen eines Marktes, der gerne Bedarf deckt, auch wenn er ihn vorher erst wecken muss. Nicht dass aus dem Jugendkult nun ein Seniorenkult würde, aber die unerbittliche Logik des Geldes und seiner Kreisläufe wird einer wachsenden und teilweise bedürftigen Zielgruppe durch mehr Angebote zu mehr „Lösungen“ verhelfen, nachdem tatsächlich vorhandene Fragen und Unsicherheiten zu gut handhabbaren Trends und Ritualen erweitert und verpackt wurden.

Die Zeitläufte scheinen sich zu ändern. Aus den meist in den Familien beheimateten nicht so zahlreichen Älteren wurde eine riesige Schar oft heimatloser, d. h. im Einzelhaushalt lebender, die sich selbst versorgen und immer älter werden.

Eine vernachlässigte und verdrängte Entwicklungsphase wird zunehmend mehr beachtet und gepflegt.

Das drückt sich auch in der Tatsache aus, dass Ältere in der Arbeitswelt, deren Ausgrenzung oft schon mit 40 bis 50 Jahren begann, nicht mehr grundsätzlich zum „alten Eisen“ gehören, sondern wegen ihren Erfahrungen, ihrem Urteilsvermögen und ihrer innerbetrieblichen Integrationsfähigkeit wieder geschätzter Teil eines Ganzen werden.

Aufgepasst, wir sind wieder wer, aber wir wollen uns nicht nur an unserer Kaufkraft messen lassen. Deren Abschöpfung darf nicht der einzige Zweck des Aging-Marktes sein.

Es erscheint nötig, Wünsche und Probleme der Menschen zu beachten und zu befriedigen. Das kann der mediale Boom des Aging-Themas, trotz Einseitigkeit und Vordergründigkeit, durchaus leisten. Die generelle Sensibilisierung und Mobilisierung für ein bewussteres und ein gesünder geführtes Leben ist sicherlich auch Folge der breiten Medienfront.

Verunsichert sind die Menschen. Nicht nur wegen allgemeiner äußerer Unüberschaubarkeit und innerer Orientierungslosigkeit, sondern gerade auch, weil die Zeitläufte es mit sich gebracht haben, dass das „Schlachtfeld“ für Eros und Thanatos um ein Vielfaches vergrößert wurde, was für viele neu und unbekannt ist.

In der Tat gibt es für diese Lebensphasen mit ihren vielen ungeahnten Möglichkeiten wenig Vorbilder und Leitmotive. Zwischen Existenzsicherung und Erhalt der Gesundheit einerseits und freiwilliger Übernahme von Aufgaben oder reiner Lustbefriedigung scheint alles möglich.

Wenig hilfreich erscheinen dafür Wegweiser wie „Für immer jung durch Anti-Aging“ oder „10 Jahre jünger in 30 Tagen“. Auch wenn er noch so raffiniert ist, „Der Anti-Aging-Plan“, Sie wollen doch nicht wirklich „20 Jahre 40 bleiben“?

„Anti-Aging“-Bücher und -Programme breiten sich aus. Alter und Altern werden bekämpft. Jugendkult und die Illusion ewiger Jugend haben Konjunktur. Nicht ohne Zorn auf diese Art des „Zielgruppen-Wahns“ entstand die Idee zu diesem Buch. Es ist der Versuch, dem Altern zu mehr Selbstverständlichkeit und Würde zu verhelfen. Es ist ein Gegenentwurf gegen die Abschaffung des Alters und des Alterns, gegen eine vereinnahmende „Anti-Aging“-Maschinerie und für ein selbstbestimmtes Älterwerden und Reifen.

Natürlich wollen wir alle gesund und möglichst fit altern. Ob dazu aber wirklich „bei ausgeprägten Mimikfalten sanftes Face- und Halslifting im Dämmerschlaf“ (!) nötig ist, sollte jeder und jede sorgsam für sich selbst entscheiden. In unserem Gesicht spiegelt sich unser bisheriges Leben. Wollen wir das auslöschen?

„Dämmerschlaf“ ist dem Thema unangemessen und scheint der falsche Bewusstseinszustand zu sein, um Nutzen und Gehalt von Angeboten der „Anti-Aging“-Medizin zu überprüfen.

Auch die besten Ansätze einer ganzheitlichen und vernünftig anmutenden Medizin werden sabotiert und konterkarriert durch Versprechungen wie: „Wer seinen Körper von Giften und Schlacken befreit, bekommt ganz automatisch (!) einen knackigen Körper.“

Es entsteht der Verdacht, als ob „mother's little helpers" und andere käufliche Techniken uns von allem Unangenehmen und aller Entwicklungsarbeit entlasten sollen. Ein gelingendes Leben jedoch, und dazu gehört auch das Altern, besteht nicht nur aus Lust, es bedarf auch der Last und verursacht Falten und mehr.

Der elende Anteil des Alterns soll nicht verschwiegen werden. Nicht jeder kann sich den Luxus der Wahl zwischen „Anti"- und „Happy aging" leisten. Altern muss nicht lustig sein, aber vielleicht kann es weniger leidvoll erlebt werden, wenn wir es als das sehen können, was es ist: Reduktion *und* Reifung.

Wir entscheiden, welche Brille wir aufsetzen. Wir müssen uns auch nicht zwischen „Anti" und „Happy" entscheiden, ebenso wenig wie zwischen „jung" und „alt". Das hieße, uns eine Polarität aufdrängen zu lassen, in der wir stecken bleiben, und die unzähligen lebenswerten Zwischentöne des Alterungsprozesses nicht hören zu können.

Wenn es uns gelingt, den Aspekt des inneren *Wachstums* mehr in den Vordergrund zu stellen, werden sich unsere Möglichkeiten vermehren, dem Altern eine positive Einstellung entgegen zu bringen und es zu akzeptieren. Um den *eigenen* Aging-Weg zu finden und zu gehen, reicht es allerdings nicht aus, nur den kritischen Zeigefinger auf die „Anti-Aging"-Connection zu richten und aus distanzierter Warte deren Treiben zu bemängeln. Das kann nur der erste Schritt sein. Weitere, noch unbekannte und vielleicht auch unangenehme Schritte sind nötig.

Wir werden älter, ob wir das wollen oder nicht. Und das ist gut so. Es gibt keine Alternative zum Werden und Vergehen. Jedem ist einleuchtend, dass es z.B. die Lebensphase der Pubertät geben muss, um das Tor zum Erwachsenwerden zu durchstoßen. Jeder weiß aus Anschauung und Erleben wie schwierig das sein kann. Wohl niemand hat dieser Phase des Werdens die Parole „Anti-Pubertiering" entgegengestellt.

Was bleibt, ist die Chance, im Einverständnis mit sich selbst und seinem Alter zu leben, jede neue Lebensphase aktiv zu gestalten, zu spüren und zu genießen und aus den Weisheiten des Alterns und den unterschiedlichen Phasen des Alters zu schöpfen.

Wenn wir das Altern verdrängen und verneinen, leben wir am Leben vorbei und verfehlen uns als Person.

Wie wir älter und alt werden, wird auch bestimmt durch das, was wir *jetzt* tun. Die Weisheiten für das Altern, mit denen sich dieses Buch befasst, sind darum nicht nur Altersweisheiten, sondern auch Einstellungen und Vorstellungen, die schon an Bedeutung gewinnen, wenn der Sturm der Jugend abebbt und die Mitte des Lebens neue Perspektiven nötig macht.

Wir altern schon lange bevor wir alt werden und wir tun es fast unser Leben lang.

Mein Interesse gilt dem Altern als permanentem Prozess, den wir mit zunehmendem Alter deutlicher erleben und dem wir uns zu stellen haben, weniger dem alt Sein, das sich oft nur auf eine bestimmte Lebensphase bezieht. Unser Altern nehmen wir wahr, wenn der Spaß am Älterwerden aufhört, manche Tätigkeiten etwas mühsamer, manche Perspektiven geringer werden und die nachrückende Generation Moden und Meinungen propagiert, in denen wir uns nicht mehr so ganz zu Hause fühlen.

Es geht mir darum, dem „Anti-Aging" ein „Happy aging" entgegenzusetzen.

Das Finden von Gelassenheit und Einsicht, die Freude am Weitergeben von Erfahrungen, die Lust am Reifen gilt es, neben anderem (wieder) zu entdecken. Zum Altern gehört einfach das Reifen und das wird empfindlich gestört, wenn Sie jung *bleiben* wollen und Angst davor haben, „alt auszusehen".

Es soll nicht darüber geredet werden, was eventuell physiologisch nicht mehr geht und was wir trainieren oder vertuschen sollen und auf was wir alles achten und worum wir uns sorgen könnten. Es soll vielmehr darüber geredet werden, welche Chancen diese immer länger werdende Lebensphase uns bietet, wie wir unser Alter erfüllen können mit Offenheit gegenüber uns selbst und ohne Abhängigkeit von illusionären „Rückschritten".

Es soll Mut gemacht werden für natürliche, unumkehrbare Veränderungen und für die Akzeptanz des Alterns, das immer ein Reifen und Ganz-werden bedeuten kann.

Dem, was teilweise ohnehin vorhanden ist in uns, was wir erfahren haben und was sich entwickelt hat und von dem wir bereits wissen oder ahnen, dass es uns gut tut, wird eine Struktur gegeben, die den Prozess des Reifens aufzeigen und anschieben kann.

Die 12 Weisheiten für das Altern markieren den möglichen Weg der Wandlung. Es geht darum, die Selbstverständlichkeit und grundsätzliche Verfügbarkeit der 12 Weisheiten deutlich zu machen. Sie sind dem Menschen eingeschriebene Möglichkeiten, die er fördern und von sich fordern kann.

Sie sind in ihm angelegt und mit dem Geist formbar. Sie mussten nicht erfunden werden, allenfalls als gedankliche und sprachliche Verdichtungen. Sie sind konstitutiver Teil des Menschlichen: 12 Aufgaben auf seinem Weg.

Wenn wir es wollen und uns unserer Ressourcen bedienen, ermöglichen sie uns ein bewussteres, ein beweglicheres und ein offeneres Leben. Wir können unsere Energien (wieder) in Bewegung setzen und fließen lassen, mit Großzügigkeit und Gelassenheit uns und den anderen in die Augen schauen und die Lust am Leben entdecken.

Selbstwahrnehmung und Selbsterfahrung, Selbstbewusstsein und Selbstverantwortung werden so zu realistischen Zielen, die in handhabbaren Alltagskategorien „operationalisierbar" sind. Die Lust zu reifen ist möglich, wenn es gelingt, nahe bei sich selbst zu bleiben, die äußere Welt zu vereinfachen und die innere Welt zu stärken sowie den eigenen Vermeidungen und Umwegen auf die Spur zu kommen.

Als ganzer Mensch bleiben wir bei der Sache und sind uns unseres Fühlens, Denkens und Handelns bewusst. Wir träumen nicht von der Vergangenheit und fürchten nicht die Zukunft. Wir flüchten nicht in Illusionen und Hoffnungen, in Vermeidungen und Ängste. Wir verlieren uns nicht im Strudel unserer Konditionierungen. Denn oft führen wir ein konfuses, überflutetes und erstarrtes Leben. Wir sind süchtig geworden nach emotionalen und geistigen Zuständen, die wir uns vorgaukeln oder verschaffen, ohne ein Wissen um deren Folgen und was sie zudecken zu haben. Wir verlieren den festen Boden unter den Füßen und den Kontakt zum Hier und Jetzt und zu uns selbst.

Wir können jedoch lernen, bewusst und verantwortungsvoll zu handeln. Wir können lernen, die Dinge und uns so zu sehen und zu akzeptieren, wie sie sind. So kommen wir mit uns selbst in Berührung und erhöhen unsere Lebenskraft und unsere Lebenslust. Wir schärfen unsere Bewusstheit und gewinnen Klarheit für das, was ist, indem wir lernen, achtsam bei dem zu bleiben, was wir gerade tun oder lassen. Dann können wir die Situationen und uns so sehen, wie sie sind und unsere Entscheidungen im Einklang mit uns selbst und mit mehr Entschlossenheit fällen. Unsere Sichtweisen und Wahlmöglichkeiten vermehren sich, so dass wir unser Leben tatsächlich gestalten können. Nur jetzt haben wir die Chance, bewusst in unser Leben einzugreifen. Jetzt ist nur jetzt.

Dafür lohnt es sich schon früh im Leben zu „arbeiten". Die Früchte können wir jetzt pflücken *und* später.

„Happy aging" ist entstanden aus meinen Erfahrungen als Psychotherapeut und Kursleiter, aus der Weiterentwicklung meines Ansatzes zum meditativen Laufen („Happy Running – Lauflust, Die 7 Weisheiten des Laufens", Rowohlt Verlag) und nicht zuletzt aus meinem eigenen Älterwerden und Reifen.

Das Buch ist auch entstanden aus einer Grundstimmung: Ich empfinde das Altern und mein Alter als angenehm. Zwar nehme ich bei genauem Hinsehen störende Veränderungen wahr und manchmal plagen mich Erinnerungen an die scheinbar bewegtere Jugend mit all ihren Abenteuern, aber es überwiegt doch ganz eindeutig das gute Gefühl, mehr Kompetenz gewonnen zu haben und immer noch zu gewinnen, sowie eine beruhigende und befriedigende innere Gewissheit von Einheit und Kraft, die ich in früheren Lebensphasen einfach nicht hatte. Zudem hadere ich wenig mit Dingen, die nicht zu ändern sind. Ich hatte als junger Mensch nichts gegen Ältere und Alte. Mit „Trau' keinem über 30" konnte ich nie was anfangen. Eher hatte ich eine Sehnsucht nach so etwas wie Weisheit, die ich immer mit Alter verband.

Natürlich erfüllt mich die immer kürzer werdende Lebenszeit ab und an mit Schrecken und natürlich widme ich mich diesem Gedanken und diesem Gefühl nicht allzu häufig. Genauer gesagt: viel zu selten. Auch ich schaue in den Spiegel und das Gesicht, das ich dort sehe, hat manchmal wenig mit dem inneren Bild von mir zu tun. Ich wundere mich, wenn ich gleichaltrige Freunde und Bekannte wiedertreffe und sie mir entschieden älter als ich vorkommen. Manchmal empfinde ich sogar einen richtigen Unwillen darüber, als ob das Schicksal uns beleidigen will. Auch ich schlucke, wenn meine Kinder von „alten Knackern so wie Du" erzählen. Mich irritieren meine mittlerweile drei oder mehr Falten zwischen den Augen und mich stören die Schmerzen nach dem Tragen von schweren Kisten. Und wäre mein Lektor mit seiner Bemerkung „Sie können an der geschichtlichen Entwicklung teilnehmen oder sie an sich vorbeiziehen lassen" nicht so deutlich geworden, dann hätte ich diese Zeilen immer noch auf der alten Schreibmaschine getippt. Ich wäre vielleicht in der analogen Trotzecke geblieben, alte Gewohnheiten pflegend, und hätte mich entfernt vom digitalen Fluss des Lebens.

Mit tiefer Trauer habe ich während der Arbeit an diesem Buch den Tod meiner Schwester erfahren. Sie hat mir das Werden und Vergehen deutlich vor Augen geführt. Sie wäre gerne älter geworden. Ihr Weg hat mir die letzte Gewissheit gegeben, dass Speck- und Faltenbeseitigung, Pulsmesser und Radikalenfänger, so aufmunternd das manchmal und für manche auch sein mag, nicht das sein können, was mich auf mein Altern einstimmt.

Und auch die wohlgemeinte, fast schon fortschrittliche „Anti-Aging"-Aufmunterung „Altern ist keine Krankheit" ist mir zu wenig und zu zweideutig. Warum schulen sich Ärzte dann zum zertifizierten „Anti-Aging-Arzt". Doch nicht nur, „um neue Zielgruppen für ihre Praxis zu schaffen"?

Die Vielfalt der Informationen und Ratschläge verwirrt mich und stößt mich eher ab. Ihnen fehlt die innere Verbindung, die Ganzheit. Ihrer unübersichtlichen Beliebigkeit fehlt etwas, das sie zusammenhält. Und das sind trotz oder gerade wegen aller Widrigkeiten der Welt wir selbst.

Die Essenz des Alterns liegt in uns selbst. Altern ist die selbstverständliche Erfüllung einer persönlichen Aufgabe. Jeder besitzt seinen eigenen Schlüssel für sich selbst und sein Altern. Es steckt so viel in uns, wir haben so viel Entfaltungs- und Entwicklungsmöglichkeiten. Es gibt so viel zu tun, packen wir es an, jeder für sich.

Ich hatte schon immer eine Abneigung gegen Masken und Rollen, wenn das Äußere mit dem Inneren nicht übereinstimmt. Auch deswegen versuche ich, hier genauso wie anderswo, die Dinge von ihren Verkleidungen und ihrem Glitzern zu befreien, zu ihrem Kern vorzudringen und auf ihr Wesen zu reduzieren.

Worum geht es wirklich beim Altern und Reifen? Was ist es wirklich, was wir dazu beitragen?

„Happy aging" richtet sich an alle, die sich mit Alter und Altern befassen und sich konstruktiv und aktiv einstellen wollen und denen ein „Anti-Aging" mit all seinen Versprechungen und Mittelchen der falsche Weg erscheint.

Das „Happy" soll nicht zum Programm werden wie ein positiver Zwangsgedanke. Dann laufen Sie Gefahr, sich im „anything goes" zu verlieren und in grandioser Selbstüberschätzung sich und andere zu blenden, um wieder an sich vorbei zu leben.

Natürlich geht nicht immer alles und die verschiedenen Lebensphasen des Alters und Alterns müssen auch nicht immer glücklich sein oder als etwas Schönes wahrgenommen werden. Dazu gibt es viel zu viel individuelles Leid: Einsamkeit, Krankheit, Armut. Nicht jeder ist immer in der Lage, seinen Alltag frei zu gestalten. Nicht jeder verfügt über genügend Ressourcen, dies in befriedigender Weise tun zu können.

Fröhlichkeit ist keine Pflicht, aber Fröhlichkeit kann die Folge von Fröhlichkeit sein. Das „Happy" dient dazu, dem „Anti" entgegenzusteuern.

Wenn Sie dem ein klein bisschen zustimmen können, reicht das aus, um auszuprobieren, was für Sie alles möglich ist und wie Sie in offener und eher fröhlicher Grundstimmung altern können ohne allzu viel Furcht zu haben.

„Anti“ löst eher eine Vorstellung von „dagegen“, von Stillstand oder Rückschritt aus. Dabei belegt doch schon die Endung „ing“ in „aging“ den immerwährenden Prozesscharakter des Alterns und Reifens.

Tatsächlich stecken beide Bedeutungen in der Entstehungsgeschichte des Wortes „aging“, so widersprüchlich sie auch erscheinen mögen: das Vergrößern von Fähigkeiten und das Wachsen *genauso* wie das Abnehmen von Fähigkeiten und das Verfallen.

Vielleicht ist es für Sie hilfreich, wenn Sie einmal alle Ihre Wissensberge, Ihre Vorannahmen und das, was Sie von gutmeinenden Mitmenschen und oft eindimensional denkenden Fachleuten gehört oder gelesen haben, beiseite schieben.

Sie fangen stattdessen an, bei sich selbst nachzuschauen, was Sie ganz alleine, aus sich selbst heraus, fast wie die Blume, zu *Ihrem* Älterwerden und Reifen beitragen können.

Anders als die Blume können Sie sich dabei, wenn Sie wollen, für eine Grundstimmung, eine tragende Atmosphäre entscheiden. Sie können sich wirklich entscheiden. Sie lassen sich nicht treiben und Sie lassen sich auch nicht unbemerkt einfangen von Phantasien und Befürchtungen anderer. Sie entscheiden sich für Ihr ganz persönliches Reifen und Sie entscheiden sich dafür, dies mit einem Lächeln im Herzen zu tun.

Der Weg der inneren Reifung ist ein Prozess, der in Ihnen angelegt ist, und der auf jeden Fall versucht, sich zu verwirklichen. Es ist nur von Vorteil, wenn Sie sich mit einem leisen Lächeln auf diesen Weg begeben, mit Offenheit und mit der Bereitschaft, ihn wirklich zu gehen, auch wenn es Kurven, Steigungen und Hindernisse geben mag.

Ungleich dem Weg der Blume ergibt sich der eine Abschnitt Ihres Weges, die eine Phase Ihrer Entwicklung nicht zwangsläufig aus der anderen. Der Weg zu einem definierten Ziel hin ist nicht festgeschrieben. Viele Komponenten der Software sind zwar programmiert – die Hardware steht ohnehin fest –, ihre zeitliche Abfolge jedoch ist manchmal offengelassen, genauso wie der Grad ihrer Ausprägung und das Wechselspiel zwischen ihr und der

Umwelt. Der geistige Umgang mit den Variablen, der geistige Weg schlechthin ist dem Menschen meistens freigestellt, zumindest hat er eine Option auf Wahlmöglichkeiten und Sichtweisen.

Ob er diese Freiheiten nun wahrnimmt oder nicht, ob ihm das bewusst ist oder nicht, seine Entwicklung schreitet voran über welche Irrwege und Sackgassen auch immer. Sie findet auch ohne ihn und ohne seine Zustimmung statt. In irgendeiner Form reift er immer, wenn auch nicht immer in der ihm gemäßen Weise und oft unter Auslassung seines wahren Potenzials.

Verfestigungen und Vermeidungen, Verführungen und Vorurteile prägen seine Realitätskonstruktionen. Er kann sich mehr oder weniger tatenlos in seinen Mustern treiben lassen oder seine Möglichkeiten erkennen und seinen Geist aktiv auf die Entwicklungsphasen einstimmen und in einen kreativen, fordernden und fördernden Dialog mit ihnen eintreten.

Im Gegensatz zur Blume ist der Mensch nicht bewusstloser Betrachter und Teilnehmer seiner selbst, unteilbar in ewiger Ganzheit werdend und vergehend, sondern „geschlagen" mit der Trennung von Geist und Körper, von Beobachter und dem Gegenstand der Beobachtung. Es gibt immer einen Anteil im Menschen, der wahrnimmt und bewertet und es gibt die Situation und die Phänomene. Jeder Mensch baut sich daraus seine Realität und sein Erleben. Darin liegt die Chance, die Einheit des Ganzen zu erfahren und im Einklang mit sich selbst zu leben.

Im Gegensatz zur Blume ist es für den Menschen nötig, sich das zu erarbeiten. Er muss davon ausgehen, dass er sich über weite Strecken oftmals in einem Missklang fühlt und er muss darauf vertrauen, dass der erhoffte Einklang eher geschieht, als dass er ihn macht.

Der vorgestellte Weg der Reifung ist der Versuch, den geistigen Entwicklungsweg zu ordnen. Die 12 Weisheiten sind Vorschläge, den eigenen Lebensweg auf das genaueste zu betrachten, die eigenen Konstruktionen, die Sie von sich und der Welt machen, zu überprüfen und den Umgang mit sich selbst und der Umwelt zu erleichtern.

Die 12 Weisheiten können der Beantwortung der Frage dienen: Was brauche ich, um mir gemäß zu altern und zu reifen? Sie stellen eine Art Gerüst dar, das zur Reflektion, zum Widerspruch und zur meditativen Betrachtung anregen soll.

Oft kennen Sie die Gegenteile der Weisheiten, die Sie einengen und starr werden lassen. Als Gegenspieler sind Sie Ihnen, wie Sie noch entdecken können, in vielfacher Form wohl vertraut. Sie hindern Sie daran, leichter, freier und offener zu leben und sich selbst besser zu spüren.

Natürlich sind die Weisheiten in der dargestellten Form und Reihenfolge keine eingeschriebenen unumkehrbaren Prozesse, sondern Schwerpunkte und Verdichtungen, mit denen Sie sich in dieser oder einer ganz anderen Reihenfolge befassen können. Für jeden von uns gibt es unterschiedliche Gewichtungen und auch unterschiedliche Schlüssigkeiten der Weisheiten an sich und ihrer praktischen Ausformungen.

Sie können die 12 Kapitel auch als 12 voneinander unabhängige, nachdenkliche Essays lesen, die geistige Aspekte Ihres Alterns beleuchten und hoffentlich erhellen.

Sie mögen Widerspruch und Abwehr auslösen oder Klärung und Veränderung. Auf jeden Fall wollen sie eine innere Diskussion in Gang setzen, das Vertrauen in die eigenen Möglichkeiten stärken und zum Wesentlichen eines geistigen Reifungsweges beitragen.

Der *Anfang des Weges* wird markiert durch die tragenden Säulen *Verantwortung, Achtsamkeit* und *Bewegung*. Ihre Durchdringung ist das Fundament, das Sie trägt und das es Ihnen möglich und leichter macht, Ihr Leben in die Hand zu nehmen und Selbst-Bewußt-Sein zu entwickeln.

Zuerst übernehmen Sie die *Verantwortung* für Ihr Fühlen, Denken und Handeln. Sie werden sich Ihrer selbst und Ihrer Situation bewusst. Sie stoßen sich selbst an und lassen sich nicht weiter treiben im Durcheinander Ihrer Einbildungen, Gefühle und Alltagsgewohnheiten. Sie machen nicht andere verantwortlich für Ihr Weiterkommen oder Scheitern. Vielmehr übernehmen Sie Verantwortung auch für andere und auch für Ihre Umwelt.

Das verlangt Ihre volle *Achtsamkeit*, um sich selbst nicht abzulenken und um nicht abgelenkt zu werden. Sie bleiben bei dem, was Sie tun, um sich selbst nicht zu verfehlen. Nur im Hier und Jetzt können Sie wahrnehmen *und* erfahren, agieren und ändern und versuchen, Ganzheit und Einheit von Körper und Geist geschehen zu lassen.

Haben Sie sich auf Ihrem Weg in *Bewegung* gesetzt, sei es gerade oder schon vor langer Zeit, dann achten Sie darauf, dass Sie innerlich und äußerlich in Bewegung bleiben. Sie passen sich dem Fluss des Lebens geschmeidig und situationsgerecht an. Sie anerkennen die Tatsache, dass jedwede Entwicklung ein stetiges Fließen ist. Sie versuchen, alles zu bearbeiten, was die Bewegungen und Entwicklungen Ihres Körpers und Geistes behindert oder auf Abwege führt.

Wenn Sie die Voraussetzungen des Reifungsweges erkannt und angenommen haben und mit ihnen arbeiten wollen, so werden Sie bald entdecken, dass *Ordnungen des Geistes* nötig sind, um in Ihrem alltäglichen Leben ohne allzu viele Umwege und Irrwege voranschreiten zu können.

Ihre geistige Organisation braucht eine Reduktion auf das Wesentliche, eine Fokussierung Ihrer inneren wie äußeren Wahrnehmung, um sich selbst und den Weg nicht aus den Augen zu verlieren. Sie hilft Ihnen, Ihren Wust von Wahn und Wirklichkeit zu ordnen, so dass Sie besser entscheiden können zwischen dem, was Sie wollen oder nicht wollen, dem, was andere wollen und der Situation, so wie sie ist. Sie disziplinieren und schulen Ihren Geist zu mehr Einfachheit und Direktheit.

Dabei nützt Ihnen eine *Strukturierung* Ihrer geistigen Prozesse und Aktivitäten von der Wahrnehmung über die Verarbeitung der Informationen und dem Umgang mit Ihrem Fühlen und Denken bis zur Sichtbarmachung Ihres ganz eigenen Weges und Zieles. Sie sehen das Chaos der Phänomene so wie es ist. Sie lassen sich davon inspirieren und nicht überfluten. Sie wählen aus, überprüfen Ihr Wollen und bringen Ihr Tun in eine sinnvolle Abfolge. Sie festigen damit Ihr Handeln, so dass Sie auch bei freiwilligen oder unfreiwilligen Umwegen immer noch Ihre Karte im Kopf nutzen können.

Um geistigen und körperlichen Prozessen auf den Grund zu kommen, ist fast nichts förderlicher als *Vereinfachung*. Zunehmende Komplexität der Welt und daraus resultierende Konfusion machen einen Kahlschlag nötig. Ganz praktisch räumen Sie auf in Ihren Speichern und Programmen. Sie trennen sich von überflüssigen Gedanken und Gedankenketten, von Gegenständen und Gewohnheiten. Sie erleichtern und befreien sich von Gepäckstücken aller Art, die Sie irgendwann einmal am Wegesrand aufgelesen und mit sich herumgeschleppt haben, was Ihnen zum Teil gar nicht bewusst war. So kommen Sie leichter voran, können mehr sehen und haben genügend Platz für Neues.

Achten Sie dabei auf überhöhte Geschwindigkeit. Sie könnten außer Atem kommen und laufen Gefahr, sich der Hektik der Zeit und fremden Rhythmen zu unterwerfen. Das entfernt Sie von Ihrem Ziel, Ihren inneren Einklang zu finden und zu hören. Sie könnten auf die Überholspur geraten und sind dann nur noch damit beschäftigt, das Steuer festzuhalten, um nicht aus der Bahn zu fliegen oder aus der Kurve getragen zu werden. *Entschleunigung* hilft Ihnen, Ihren eigenen Rhythmus und Ihre eigene Geschwindigkeit zu finden, um von den Phänomenen und Entwicklungen nicht überrollt zu werden. Sie durchschauen die Maschinen der Zeit und drosseln Ihr eigenes Tempo. Wenn Sie langsam, fließend und ausdauernd voranschreiten, werden Sie die Kostbarkeiten am Wegesrand genießen können und Ihr Weg wird lang sein.

Nun sind Sie ein gutes Stück bereits vorangekommen auf Ihrem Reifungsweg. Der Start ist gelungen, der Geist ordnet sich, der Weg liegt sichtbar vor Ihnen, aber es fehlt noch etwas. Sie sind nicht mit dem Herzen bei der Sache. Sie marschieren eher pflichtbewusst, etwas steif und immer noch fixiert auf Ihre alten Vorstellungen und Konstruktionen. Es fehlen Wärme und Wohlfühlen, Leichtigkeit und Lust. Sie können sich Ihrem Erleben noch nicht recht stellen. Die *Öffnung des Herzens* hilft Ihnen, sich freier und flexibler mit sich und Ihrem Umfeld auseinander zu setzen und mit einem offenen Blick für Nähe und Weite lächelnd voranzugleiten.

Durch *Humor* lernen Sie, mit Widersprüchen zu leben. Sie befreien sich aus der Enge und Starre der Polaritäten, die Sie zwischen zwei Polen gefangen hielt. Sie sehen die Dinge anders und entdecken neue Wege, die Sie aus der nur scheinbar festgelegten Spur herausführen.

Sie verlegen neue Schienen oder Sie probieren es einmal ganz ohne fertige Festlegungen. Mit Großzügigkeit lockern Sie Ihre eisernen Gesetze und Ihre sture Verbissenheit. Sie entwickeln einen milden Blick für sich und die Anderen und lernen zu lachen.

Wenn Sie sich diese Öffnung gestatten, werden Sie sich besser spüren und einen besseren Kontakt zu sich selbst und Ihrer Umwelt herstellen. Sie erlauben sich ganz ausdrücklich, aus der Pflicht eine Kür zu machen. Sie wursteln sich nicht mehr irgendwie weiter, begrenzt durch fremde Regeln, überkommene Rituale und eingezwängt in Rollen und Masken. Sie halten inne, wenn Sie wollen, Sie probieren Neues und Sie drücken Ihr zunehmendes Ganzwerden mit Körper *und* Geist und mit einem guten Gewissen aus. *Genuss* erdet Sie auf Ihrem Weg und kann aus Abwehren und Erleiden ein Annehmen und Erweitern machen. Sie öffnen Ihre Sinne, Sie verbinden sich mit Ihrer Umwelt und mit Ihrem Weg, indem Sie Ihre Wahrnehmungen und Ihr Spüren genießen.

So werden Sie langsam loskommen von einer einseitigen Betrachtung der Welt. Die Fixierungen auf Ihr eigenes Gelingen und Ihren Weg können an Bedeutung verlieren. Ihre Weggefährten fallen Ihnen ins Auge und Sie spüren das Bedürfnis, Ihre Erkenntnisse und Erfahrungen weiterzugeben. Die beginnende Verschmelzung ihrer selbst mit Ihrem Weg macht es weniger nötig, zu suchen und zu sichern. Wie von selbst gleiten Sie manchmal voran und können sich immer öfter aus der Umklammerung Ihrer Ichsucht, aus der Illusion einer zu reiner Prosperität verdammten „Ich-AG“ befreien.

Sie sind nun in einer der schwierigsten Wegpassagen beim wahren Reifen angekommen. Sie entwickeln *Mitgefühl*. Aus dem Haben kann nun ein Sein werden. Ihr eigener Weg ist nicht mehr das Wichtigste. Sie entlarven Ihre egozentrierten Bedürfnisse und Bemühungen und werden überrascht sein, wie viel angenehme Wärme, wie viel Freiheit, wie viel Klarheit auf einmal entstehen. Sie sehen und akzeptieren das Leid und die Bedürfnisse der Anderen. Sie geben und helfen und setzen sich ein für ein friedvolles, zuweilen gemeinsames Gehen auf einem immer wieder steinigen und gefährlichen Weg.

Wenn Sie so wollen, ist Ihr Reifungsweg nahezu „abgeschlossen". Doch es ist Ihnen klar geworden, wenn es das nicht ohnehin schon immer war, dass dieser Weg kein Ende hat und dass Sie immer wieder in einzelnen Wegstrecken hängen bleiben, Umwege machen oder gar umkehren. Sicher ist Ihnen auch klar, dass es diesen Weg so gar nicht gibt und dass Sie ihn, falls Sie Ihren inneren Einklang suchen und Ihre Reifung vorantreiben wollen, in der vorgestellten Reihenfolge gar nicht begehen. Sie werden Ihre eigene Reihenfolge entwickeln und die Länge Ihrer Wegstrecken selbst und sicher jeweils höchst unterschiedlich bestimmen. Manche werden manche Wegstrecken einfach auslassen, andere haben einzelne zum Thema ihres Lebens gemacht.

Die 12 Weisheiten und ihre vier Aspekte mögen Ihnen dabei helfen, Ihre äußere Welt zu vereinfachen und Ihre innere Welt zu stärken, um der Essenz Ihrer Entwicklung und Reifung näher zu kommen.

Das *Rad der Verwandlung* symbolisiert die Unendlichkeit dieses Weges, auf dem sich Ihnen in fortlaufender Wiederkehr Aufgaben und Herausforderungen in den Weg stellen werden. Sie werden Versuche anstellen und neue Wege gehen, Sie werden Sackgassen, Abkürzungen und Auswege finden. Auch wenn Sie das Neue versuchen zu festigen und zu etablieren, werden Sie herausfinden, dass es keine Alternative zum Werden und Vergehen gibt. Mit zunehmender Reifung wird Ihnen Ihr Weg transparenter werden. Sie werden ihn transzendieren, zu sich finden und zur Ruhe kommen.

Das, was Sie mittlerweile gelernt haben, ist *Gelassenheit.* Sie akzeptieren die Dinge und sich selbst so, wie sie sind. Sie gehen *mit* der Situation und nicht gegen sie. Aus dem Machen wird mehr ein Lassen. Sie können loslassen und Sie können sich in sich selbst vertrauensvoll niederlassen. Sie brauchen sich nicht mehr so sehr an den Illusionen der Welt festzuhalten. Verirrungen, Sperren und Durststrecken halten Sie aus und auch wenn Sie einmal nicht wissen, wie der Weg weitergehen soll, schreiten Sie ruhig und unbeirrbar voran im Vertrauen auf Ihre Erfahrungen und Ihre gewonnene innere Stärke.

Die Wegstrecke, die Sie bereits zurückgelegt haben, hat Sie zur *Einsicht* kommen lassen. Sie haben Wissen angehäuft und es durch die Schulung Ihres Geistes zu Weisheit werden lassen. In Ihnen hat ein Wandel stattgefunden, der es Ihnen ermöglicht, mit sich selbst, Ihrem Hoffen und Ihrem Fürchten in Einklang zu kommen.

Dass Sie sich darauf immer mehr verlassen können und dass Sie dem unausweichlichen permanenten Rad der Verwandlung gewachsen sind, dafür sorgt Ihr achtsames alltägliches Tun und Lassen.

Durch *Übung* festigen Sie das neu Erworbene und lassen das Alte zerrinnen in einem immerwährenden Wandel.

Sie arbeiten gegen das Stehenbleiben und Erstarren, indem Sie immer wieder bewusst neue Wege gehen und diese verinnerlichen, sei es mit dem Geist oder mit dem Körper. Das ferne Ziel Ihres Weges verliert an Bedeutung, selbst Ihr Weg mit allen seinen Hindernissen und seinen schönen Aussichten leitet Sie immer weniger. In den Vordergrund rückt das Jetzt, die Aufrechterhaltung Ihrer Achtsamkeit. Ihre persönliche Reifung kann nur im unmittelbaren Augenblick stattfinden. Jetzt ist immer nur jetzt, doch es kommt immer wieder.

Sie werden fragen, was hat dieser Reifungsweg mit Ihrem älter werden zu tun? Älterwerden, so wie ich es verstehe, ist das permanente Rad der Verwandlung. Das Reifen, Wandeln und Verändern ist im Grunde ein das ganze Leben begleitender Prozess. Es ist das Leben.

Im Kinder- und Jugendalter ist das Reifen besonders deutlich wahrzunehmen, für Außenstehende ebenso wie für die Betroffenen. Der Wandel findet gut sichtbar auch im Körperlichen statt. Ist das Erwachsenenalter erreicht, so vollzieht sich der Wandel mehr im Geistigen, zuweilen immer noch deutlich sichtbar, aber eher durch die Hülle und die Attitüde. Ab dieser Phase gilt unsere Aufmerksamkeit dem Reifungsweg. Er trägt dazu bei, *wie* Sie sich wandeln und wie Sie reifen, d.h. wie Sie altern. Welche Einstellungen gewinnen Sie zu Ihren verschiedenen Lebensprozessen? Wie gehen Sie mit den Einflüsterungen von außen um? Wieweit sind diese schon Bestandteil Ihrer selbst und verdecken und behindern Ihre innere Verwirklichung? Wie definieren Sie Altern und vor allem wie bewerten Sie es?

Wenn wir in die Lebensphase kommen, in der der Wandel wieder mehr äußerlich sichtbar wird, gewinnen diese Fragen an Bedeutung.

Die Auseinandersetzung mit dem Reifungsweg und sein Erfassen kann hilfreich sein zu jeder Zeit und in jeder Phase des Erwachsenenalters.

Je früher wir in unserem Leben gelernt haben, im Einklang mit *uns* zu leben und nicht mit den Konstruktionen und Ritualen merkantiler und medialer Normierungen, die tief in unser Bewusstsein und unseren Alltag dringen können, je besser können wir im Einklang mit uns *selbst* altern und unser Alter bewusst leben und genießen.

Das kann besonders nützlich sein in der Phase, in der sicht- und spürbare Beeinträchtigungen an Gewicht gewinnen und körperliche Veränderungen deutlicher werden: Beweglichkeit und Kraft nehmen ab, die Reflexe werden langsamer, die Sinnesorgane verlieren ihre Präzision. Natürlich verändert sich auch die äußere Hülle. Die Haut wird welk, die Haare werden weniger. Unsere Gesichtszüge spiegeln unsere Erfahrungen wider. Sie sind lebensgegerbt.

Vorhandene Störungen oder Defizite machen sich nun nachhaltiger bemerkbar. Zufällige Schäden in den Bausteinen des Lebens häufen sich und können vom Organismus immer schlechter repariert werden.

Ihre innere Einstellung zu Ihrem Lebensverlauf ändert sich. Ihnen wird bewusst, dass die Lebensspanne, die Sie noch erwarten können, immer kürzer wird und immer geringer als Ihr bisher gelebtes Leben. Das Ende Ihres Lebens rückt ins Blickfeld und die Angst davor. Der Prozess der Auseinandersetzung mit dem Tod intensiviert sich und sei es nur als sture Verdrängung und Selbsttäuschung.

Das, was Sie sehen, im Spiegel oder anderswo, ist oder erscheint Ihnen anders als das, was Sie früher gesehen haben. Altersgenossen erscheinen Ihnen älter als Sie sind. Sie selbst werden anders gesehen. All das wirkt auf Sie ein. Sie mögen sich „jung" fühlen, Ihr Umfeld aber sagt Ihnen, Sie seien „alt". Diesem Widerspruch können Sie sich nur schwer entziehen.

Solche Entwicklungen und Erscheinungen versetzen viele in Angst und Zweifel. Zumal die Lebensphase, in der sie ihr Alter mehr spüren oder von anderen und den Regeln des Alltags darauf gestoßen werden, immer länger wird und nach Gestaltung ruft.

Sie sind, mit unterschiedlichen Abstrichen, in der Lage, diese Lebensphase zunehmend mehr für sich zu nutzen, vielleicht sogar zu genießen, an sich zu arbeiten und zur endgültigen durchdringenden Reifung zu gelangen.

Worauf es ankommt, ist, zu erkennen, dass Ihr Geist, genauer, die Art wie Sie denken und fühlen, nicht im selben Maße altern muss, wie es Teile Ihres Körpers tun. Ihre Organe und Ihre Mobilität mögen bereits vergehen, aber Ihr Geist kann, wenn Sie es wollen, wenn Sie in Kontakt zu sich bleiben und wenn Sie ihn geschult haben, klar und kraftvoll bleiben.

Worauf es auch ankommt, ist, zu unterscheiden zwischen den Entwicklungen und Veränderungen, die unumgänglich und in ihrem prinzipiellen Verlauf festgelegt sind, und solchen Entwicklungen, die Sie ein bisschen oder auch beträchtlich steuern können. Von grundlegender Bedeutung, die Sie sich nicht oft genug klar machen können, ist die völlige Akzeptanz des Werdens und Vergehens, das vorbehaltlose Einswerden mit Leben *und* Tod.

Sie *werden* älter und alt, Sie können nie jung *bleiben.*

Natürlich können Sie die Ausformungen Ihres Alterns beeinflussen. Sie sind nicht das Opfer und zu passivem Erdulden verurteilt. Vielmehr sind Sie wie zwei Partner, die in ständigem Dialog stehen, und versuchen, auf die jeweiligen Bedürfnisse und Notwendigkeiten, vor allem auch des Anderen, Rücksicht zu nehmen. Wie zwei treue Freunde werden sie gemeinsam alt. Sie passen sich einander an und ergänzen sich. Ihre organische Entwicklung und Ihre geistige Einstellung bleiben eine Einheit. Kein Anteil will zurück- oder dem anderen davonlaufen. Als Ganzes werden Sie älter. Das ist Reifen.

Die 12 Weisheiten wollen Ihnen dabei helfen. Nicht so sehr als ein Übungsweg mit konkreter praktischer Anweisung, sondern mehr als eine erhellende Betrachtung und eine reinigende Vertiefung, die Sie klaren Kopf gewinnen und behalten lässt, zu selbstverantworteten Entscheidungen vorzustoßen, und festigt gegen falsche Versprechungen und fruchtlose Verdrängungen.

Gerade deshalb ist bei der Beschreibung des Reifungsweges wenig von „Aging" oder „Anti-Aging" und auch nicht von „Happy aging" die Rede. Es ist auch nicht beabsichtigt, sich an der Diskussion über diese oder jene „Aging-Strategie" und vor allem deren wirksamste Mittel bzw. Gegenmittel zu beteiligen. Das würde die Unsicherheit und den Zweifel nur vergrößern. Die Bereitschaft, ein Problem zu sehen, würde verstärkt, denn die unübersichtliche Vielzahl der Veröffentlichungen und Veranstaltungen an sich transportiert unterschwellig und wirksam die Botschaft, dass alt werden nicht in Ordnung ist. Zumindest ist es ein schwerwiegendes, meist auf den Körper reduziertes Problem, zu dessen Lösung Fachleute nötig sind, die die richtigen Parolen und Programme ausgeben.

Das verstellt den Blick für die Natürlichkeit und Selbstverständlichkeit des Alterns und den natürlichen und selbstverständlichen Umgang damit. Dafür will dieses Buch werben. Es kann Ihnen keine Sicherheiten versprechen, aber als Gegenpol erscheint es nötig, um Ihr Altern wieder in Ihre eigenen Hände zu legen.

Der „Anti-Aging“-Blick verhindert Selbsterfahrung und Selbstfindung. Er erschwert es Ihnen, Ihre Situation anzunehmen, mit ihr zu reifen und in immer wiederkehrendem Bemühen mit sich und Ihren Jahren in Einklang zu kommen.

Ihr Altern ist genauso selbstverständlich wie Ihr Leben. Indem Sie für Ihr Leben die Verantwortung übernehmen, übernehmen Sie auch für Ihr Altern die Verantwortung. Sie können mitbestimmen, wie Sie altern.

Sie tun dies im Vertrauen auf Ihre innere Ruhe, die Sie sich erworben haben durch eine achtsame und aufrichtige Lebenspraxis. Sie vertrauen auf Ihr Eingebundensein in die Abläufe des Werdens und Vergehens.

Altern ist völlig in Ordnung, auch wenn die Einschränkungen und Ausgrenzungen zunehmen.

Sie wandern weiter auf Ihrem Weg, auch wenn Sie dazu Hilfe brauchen.

Sie weiten den Blick und horchen nach innen. Sie hoffen nicht, Sie fürchten nicht. Sie lächeln.

Nichts zu suchen, das wird Ihr Sinn.

# AM ANFANG DES WEGES

*Willst Du wissen, wer Du warst,*
*so schau, wer Du bist.*
*Willst Du wissen, wer Du sein wirst,*
*so schau, was Du tust.*

Buddha

## VERANTWORTUNG

... kann Ihnen niemand abnehmen

*Sie nehmen Ihre Situation an und werden der, der Sie sind.*

Es führt kein Weg daran vorbei: Am Anfang Ihres Weges steht Verantwortung. Wenn Sie nicht die Verantwortung für Ihren Weg und damit für sich selbst übernehmen, geben Sie unweigerlich die Verantwortung ab. Andere können das Kommando übernehmen. Sie öffnen die Tore für Einflüsterungen aller Art. Parolen und Programme infiltrieren Sie. Sie werden verunsichert. Ihre eigene Meinung gerät ins Wanken. Das Wollen anderer wird unversehens zu Ihrem. Wie ferngesteuert bewegen Sie sich auf vorgefertigten Bahnen, die Sie immer weiter fortführen von sich selbst.

Ein Virus ist in Ihr Programm eingedrungen und hat Ihre Ordner für seine Zwecke umprogrammiert. Sie haben ihm selbst den Zugang verschafft, Sie haben es nur nicht richtig bemerkt. Sie waren sehr beschäftigt und haben die Dinge laufen lassen. Veränderungen haben Sie zwar wahrgenommen, aber sich nicht so richtig auf sie eingelassen und sich selbst dabei nicht genau angeschaut.

Ein immer wiederkehrendes Grummeln tief im Bauch haben Sie übertönt mit Gewohnheiten und Ablenkungen. Leicht verunsichert in Ihrem Selbstverständnis wurden Sie aber doch, denn die Zeichen, dass Sie sich verändern, haben sich vermehrt. Da Sie ohnehin von allen denkbaren Ratgebern auf allen medialen Kanälen umworben und umstellt sind, haben Sie sich „informiert“ und schon war er drin, der „Anti-Aging“-Virus.

Jetzt scheint alles leichter zu gehen. Man bietet Ihnen Hilfe an. Jemand nimmt Sie bei der Hand und verspricht, er führe Sie wieder hinaus aus Ihrem vermeintlichen Gestrüpp aus ergrauten Haaren und vergessenen Visionen. Die Schlacht wird eröffnet. Der Gegner kriegt einen Namen: „Alter“. Die „Anti“-Brigaden werden aufgestellt. „Rückwärts marsch“ lautet die Parole und schon sind Sie Mitglied der „For ever young“-Einheiten. Auch wenn Sie nur teilweise oder gar nicht mitmarschieren und der Bewegung kritisch gegenüberstehen, wird es Ihnen schwer fallen, klaren Kopf zu behalten und sich dem Sog der Verjüngungsideologen und -industrien zu entziehen. Wenn Sie den Virus wirklich bekämpfen wollen, ist es nötig, entschlossen dagegen zu halten.

Dreh- und Angelpunkt Ihres persönlichen Alterns ist Ihre konsequente Selbstverantwortung, die Sie zu keinem Zeitpunkt aus der Hand geben. Auf diesem Gebiet sind Sie sich selbst der Nächste. Die Verantwortung für Sie selbst kann und soll Ihnen niemand abnehmen.

Das fängt an mit einer grundlegenden und existentiellen Frage, die Sie sich stellen und die Ihnen befremdlich vorkommen mag. Wollen Sie überhaupt älter oder alt werden oder denken Sie wie die Propheten der Rock-Generation: „Hope I die before I get old“ und wollen dem Ganzen aus dem Wege gehen?

Wenn Sie aber alt werden wollen, bevor Sie sterben, erheben sich Fragen. Wie wollen Sie mit dem Alterungsprozess umgehen? Was macht Ihnen dabei zu schaffen? Was blockiert Ihren Weg? Wie wollen Sie die auftretenden Schwierigkeiten angehen? Diese Fragen tangieren grundsätzliche Einstellungen und Gefühle, die Sie Ihrem Leben entgegen gebracht haben und entgegen bringen.

Ihre jetzige Befindlichkeit ist die Folge früherer Entscheidungen. Ihre Zukunft gestalten Sie jetzt.

Selbstverantwortung ist ein echtes und tiefes Interesse an sich selbst. Das schließt die zerstörerische Selbstablehnung aus, bei der Sie sich selbst einer liebevollen Beachtung nicht für wert halten. Nicht gemeint ist auch der blinde Egoismus, der Sie zum Mittelpunkt der Welt machen will. Vielmehr bedeutet dieses Interesse an sich selbst Selbstwahrnehmung und Selbstachtung. Sie bringen sich selbst positive Gefühle entgegen und stehen auf Ihrer Seite. Das erleichtert es Ihnen, das Steuer in die Hand und die Führung für sich selbst zu übernehmen. Sie sind Ihr eigener Mannschaftsführer und reißen sich selbst mit, um aufzubrechen und an sich zu arbeiten.

Da, wo Sie Wahlmöglichkeiten haben und seien es nur verschiedene Sichtweisen eines von Ihnen nicht beeinflussbaren Ereignisses, bedarf es eines Anschubes durch Sie selbst. Indem Sie sich das deutlich vor Augen halten, bringen Sie sich ein Stück weit voran, unabhängig davon, wie folgenreich Ihr Leben determiniert sein mag.

Das kann Ihrer Willenskraft ungemein förderlich sein. Verantwortung, auch Selbstverantwortung, braucht die Aktivierung und den Einsatz Ihres Willens.

Auch wenn Sie sich in fremden Mächten geborgen fühlen, gibt es keinen Grund, sich diesen völlig auszuliefern. Vor die Wahl gestellt, würde ich die Sichtweise vorziehen, dass nicht der Dämon mich erwählt, sondern ich den Dämon erwähle. Dann habe ich die Chance, ihn wieder abzuwählen.

Das, was viele an der Übernahme der Verantwortung hindert, ist das Risiko, das Sie eingehen müssen. Die Folgen der äußeren wie auch inneren Handlungen sind ungewiss. Das *tief* verankerte Konzept der Schuld mit seinem latent drohenden schlechten Gewissen lastet über allem und erschwert unsere Risikobereitschaft und damit oft auch unser Verantwortungsbewusstsein.

Klar ist, dass unser Handeln Folgen hat, egal ob wir uns für oder gegen etwas entscheiden oder ob wir beschließen etwas so oder anders zu sehen. Wir können scheitern. Wir können etwas verursachen, das uns unangenehm ist oder uns mit anderen in Konflikt bringt und wiederum Folgen haben wird. Auf jeden Fall müssen wir, wenn wir Verantwortung übernehmen, für das, was wir tun, gerade stehen, sei es vor uns oder vor anderen.

Gemeint sind vor allem die kleinen Schritte des Alltags, die wir so gerne von uns wegschieben und damit oft unser persönliches Weiterkommen im Vagen belassen und behindern. Nötig ist etwas Mut, um sich auch einmal abseits des Weges zu bewegen. Nur so machen wir die notwendigen Erfahrungen und können herausfinden, welcher unser Weg ist. Das Risiko ist lebensimmanent. Ohne Risiko gibt es keine Veränderung.

Das gilt für die kleinen Dinge des Lebens genauso wie für den gesamten Lebensentwurf.

Für letzteren fordern die neuen Zeiten sogar explizit von Ihnen mehr Verantwortung. Biographien verlaufen nicht mehr gradlinig im scheinbar kontinuierlich sicheren Bereich. Das Risiko des gewählten Lebensentwurfes liegt immer mehr beim Einzelnen. Das birgt große Chancen und Freiräume, aber es sorgt bei vielen auch für große Unsicherheit.

Wir haben die Freiheit, unser Leben selbst gestalten zu müssen. Die Konstruktion der eigenen Person wird nun zum „Identitätssampling“ und aus dem einst vorgezeichneten Lebenslauf wird nun eine „Bastelbiographie“, in der das Alter ein immer größeres und bedeutenderes Puzzleteil wird.

Selbstverantwortlich können Sie daran basteln und überprüfen, ob Sie auf den vorgefertigten Schienen des Konsumismus als „Fit for ever“-Fan „Jugend von der Stange“ kaufen oder sich in die authentische, auch leidvolle Arbeit am Selbst begeben und auf dem inneren Weg voranschreiten und einfach altern. Sie selbst entscheiden, was Sie dafür benötigen und nutzen wollen und was nicht.

Was oft daran hindert, mit mehr Selbstverantwortung zu leben, ist die Angst, das „Auf-uns-selbst-zurückgeworfen-Sein“ noch mehr zu spüren. Da tun doch die Versprechungen so gut, die uns für alles mögliche Geborgenheit und Ersatz beschaffen wollen. Eigenschaften, Tätigkeiten, Materie, Funktionen, alles soll simuliert werden. Auch gegen das Alter will die Idee der Substitution helfen. Doch Substitute schaffen Illusionen und die können existenzielle Fragen und Nöte nur verdecken und kaum beantworten.

Manche nähern sich der Verantwortung auf eine andere Art. Sie fühlen sich für *andere*, für einzelne, für die Gesellschaft oder für die Umwelt verantwortlich und praktizieren dies auf eine verantwortliche Art und Weise. Der Antrieb dazu mag Nächstenliebe sein oder ausgeprägtes soziales Denken. Merkwürdigerweise wird diese Verantwortung bei vielen sich selbst gegenüber geringer. Viele lieben den Nächsten mehr als sich selbst. Sie sind sich selbst nicht nahe. Sie bleiben nicht bei sich. Sie weichen sich aus, kümmern sich lieber um andere und verlieren sich und ihr Reifen aus den Augen.

Verantwortung sich selbst gegenüber bedeutet die kontinuierliche Aufrechterhaltung von Bewusstsein für sich und sein Leben. Sie sind immer auf dem Laufenden bei dem, was Sie denken, fühlen oder tun. Wenn Sie Ihre Aufmerksamkeit schärfen für das, was gerade ist und Ihr Bewusstsein für Ihre inneren Prozesse kultivieren, können Sie Ihre Entscheidungsfreiheit besser nutzen. Oftmals entscheiden Sie dann wie von selbst. Die Dinge klären sich aus sich heraus. Notwendigkeiten ergeben sich aus der Situation, aus den „Forderungen des Tages". Aus den kleinkarierten Kämpfen und Krämpfen des Alltages wird ein ruhiges geerdetes Gleiten im Hier und Jetzt. Die entscheidende Rolle dafür spielt Achtsamkeit, wie die nächste Weisheit zu zeigen versucht.

Verantwortung für sich zu übernehmen, heißt also nicht nur an den biographischen und alltäglichen Weggabelungen selbständig zu wählen und zum Beispiel eine ungesunde Lebensweise abzuwählen. Entscheidend dafür ist auch die Bereitschaft, in jedem Augenblick des Lebens sich seiner selbst bewusst zu bleiben. Das bedeutet, sich nicht treiben zu lassen, nicht in gewohnheitsmäßige Vermeidungsmuster zu verfallen und auf keine Weise den Kontakt zu sich zu unterbrechen, sondern auch der unangenehmen und beängstigenden Impulse, der Unsicherheiten und der ungeliebten Anteile gewahr zu bleiben. Dazu gehören auch die Trauer über vergangene Lebenszeit und verpasste Chancen, die Furcht vor dem Ende des Lebens und der Schmerz über den Verlust von Nahestehenden.

Das ist ungemein schwierig, wie Sie sicherlich wissen und stellt für jeden eine große Herausforderung dar. Die konsequente Selbstverantwortung in scheinbar unwichtigen Alltagsdetails bedeutet die Bewusstwerdung und die Kontrolle von selbstverantworteten Stimmungen und Befindlichkeiten und die letztendliche Erkenntnis, dass wir nicht den oder die anderen für unsere Gedanken und Gefühle verantwortlich machen können und uns auch nicht hinter den „bösen" Einflüssen derer, die uns beeinflussen können, verstecken dürfen.

Alle unsere inneren Abläufe haben erst einmal nur etwas mit uns selbst zu tun. Auch wenn sie noch so unangenehm und ungeliebt sind, diese Anteile gehören zu uns. Das sind wir. Erst wenn wir uns ihrer wirklich bewusst sind, wenn wir sie aushalten und nicht verdrängen oder auf andere auslagern, übernehmen wir wirklich Verantwortung für uns selbst. Dann integrieren wir Vergessenes und Verstoßenes und können der werden, der wir sind.

Dann sind wir nicht mehr verstrickt in Selbst- und Fremdmanipulationen, sondern können ein Gefühl von Ganzheit erleben. Das kann sich als tragfähiger Grund erweisen, der es ermöglicht, die eigene Reifung selbst zu gestalten und gefeit zu sein gegen Verführungen von außen.

Jede der Weisheiten für den Reifungsweg ist mit Gegenpolen, d.h. mit Gegenspielern verbunden, die ihr Aufblühen und ihre Wirksamkeit erschweren oder verhindern. Oft sind uns die Gegenspieler viel bekannter und vertrauter, weil sie es sind, die unsere Einstellungen und Handlungsweisen beeinflussen und im Alltag wirken. Die Suche nach Schuldigen, die Sucht nach Ablenkung, die oft unreflektierte Unterwerfung unter fremde Ideen sind mögliche Gegenspieler der Verantwortung.

Wenn wir die Gegenspieler erkennen und sehen, wie sie arbeiten und uns leiten, kann uns klarer werden, was uns fehlt. Damit bekommen wir Hinweise auf Defizite und Störungen, auf das, an was es uns ermangelt oder was Leid verursacht. Die Weisheiten können helfen, diese Lücken zu füllen. Sie können die Richtung vorgeben und das Ziel benennen auf dem Weg, uns aus unseren meist selbst verantworteten Umklammerungen und Unaufrichtigkeiten zu lösen.

Der Nutzen der Gegenspieler ist es, dass sie uns die Erkenntnis der Weisheiten ermöglichen.

Hilfreich kann es also sein, wenn Sie sich klar machen, wann und wie auf Ihrem Weg Sie sich aus dem Weg gehen. Wann und wie und in welcher typischen Situation gehen Sie innerlich weg und lassen „es" laufen? Wann und wie vermeiden Sie es, in einer sozialen Situation Ihre Aufgabe zu sehen und zu übernehmen und überlassen die Verantwortung lieber anderen? Wann und wie drücken Sie sich vor unangenehmen oder mit Angst und Abwehr besetzten Handlungen, von denen Sie ahnen, dass sie richtig und nötig sind und die Ihnen, anderen oder der Umwelt zugute kommen könnten?

Wann und wie übernehmen Sie ganz persönlich nicht die Verantwortung für sich und auch nicht für andere? Haben Sie schon versucht, das zu ändern? Wollen Sie es überhaupt ändern? Brauchen Sie vielleicht Unterstützung? Wenn Sie aufrichtig auf sich selbst achten und die Folgen Ihres Tuns und Lassens nicht anderen aufbürden, wird es Ihnen leichter fallen, zu sehen, was richtig oder falsch ist und Sie benötigen die fremden Konstrukte weniger und können Ihre oft starren, übernommenen und überkommenen Gesetze lockern.

Das „Bei-sich-Bleiben" und „In-sich-Hineinhorchen" beinhaltet auch, die „innere Stimme" wieder zu hören, die, wenn sie nicht zu klein gehalten oder immer wieder übertönt wird, ziemlich genau Auskunft gibt, was für Sie eine richtige Entscheidung ist und was eine falsche.

Ihre Wahrheit liegt in Ihnen verborgen. Wenn Sie für Ihr inneres und äußeres Tun und dessen Folgen die Verantwortung übernehmen, werden Sie ihr näher kommen und Sie werden freier sein, um so zu altern und zu reifen, wie es zu Ihnen passt und wie es Ihnen möglich ist.

Das bedeutet nicht, dass Sie sich nicht in einem Glauben geborgen fühlen, der Ihnen hilft, existenzielle Verantwortung zu tragen und Sie stärkt für die weltlichen Verantwortungen, die Sie selbst zu tragen aufgefordert sind. Sehr wohl versuchen Sie jedoch den Schnittpunkt im Auge zu behalten, an dem sich Selbstverantwortung, Mitverantwortung und vertrauensvolle Hingabe begegnen und überlappen können.

Im Bewusstsein unserer Verantwortung, die uns, wenn wir sie annehmen, trägt und stützt, können wir dann sowohl besser für etwas einstehen und uns engagieren, als auch die Momente klarer differenzieren, in denen es gilt, die Dinge zu akzeptieren, so wie sie sind.

Verantwortung zu lernen ist eine Aufgabe des Lebens. Ver-*antwort*-ung ist die Antwort eines jeden auf das, was sich ihm auf seinem Weg in den Weg stellt und dem er sich zu stellen hat. Wir können mit der Aufgabe kommunizieren und ihr antworten oder stumm bleiben und der Aufgabe aus dem Weg gehen.

Verantwortung für unser Altern und unser Alter zu übernehmen heißt also, auf die Phänomene des Vergehens zu antworten und sich ihnen zu stellen. Wir verleugnen sie nicht, wir kehren nicht um und wir „verkaufen" unsere innere und äußere Bewegungsfreiheit weder an modische Vehikel noch an selbst ernannte Gurus. Wir gehen einfach weiter so gut es geht im Einklang mit unserem Weg.

Wenn wir glauben, dass wir Unterstützung brauchen, dann versuchen wir, sie zu finden, aber wir lassen sie uns nicht aufschwatzen. Wir lassen uns nicht entmündigen.

Die Bewertung der Erscheinungen, auch der unseres Alters, und den Umgang mit ihnen sollten wir vertrauensvoll in unsere eigenen Hände und den Glauben legen, dass das Leben zum Guten, zum Funktionieren hin angelegt ist. Weder lassen wir die Negativität medialer Botschaften zu nah an uns heran, noch huldigen wir positiven Einpeitschern.

Wir achten auch darauf, dass uns unsere inneren Programme, zu deren wirkungsvollsten wiederum die Negativität gehört, uns nicht den Blick verstellen für die Dinge, so wie sie sind und uns stattdessen verstricken in den Strudel konditionierter Katastrophenphantasien.

Ob das Glas halb voll oder halb leer ist, entscheiden Sie. Versuchen Sie sich das mit allen Folgen bewusst zu machen. Sie vertrauen sich selbst, Sie halten sich selbst aus, so wie Sie sind und nehmen sich und Ihr Altern an.

Die innere, verborgene „Anti-Aging"-Einstellung überwinden heißt, den tatsächlichen Veränderungen in die Augen zu schauen und jeweils ehrlich zu prüfen, wie damit umzugehen ist. Dazu gehören so unterschiedliche Dinge wie medizinische und finanzielle Vorsorge, das Befassen mit dem Tod, die Überprüfung eigener Altersvorurteile und der aktive Versuch, bisher unerfüllte Bedürfnisse zu verwirklichen. Es bedeutet nicht, einfach alles laufen zu lassen oder so zu tun, als ob sich nichts verändert habe.

Der lähmenden „altes Eisen"-Mentalität entgegenzuwirken heißt, selbstverantwortlich die jeweiligen Altersfähigkeiten offensiv zu beleben und zu leben, das persönliche Wachstum aufrechtzuerhalten und nicht die Verantwortung abzutreten an vermeintliche Spezialisten.

„Programme" behindern die wahre Verantwortung, die sich in jeder Situation, in jeder Sekunde, unvorhersehbar und immer wieder anders auszudrücken hat. Vorgaben können hilfreich und motivierend sein, aber nicht wenn sie zu selbstlaufenden, einengenden Automatismen werden, die uns der Versuchung aussetzen, die Verantwortung für uns abzugeben. Wir brauchen nicht für alles Rezepte, vor allem nicht für Selbstverständliches. Das lässt die Eigeninitiative verkümmern und erzeugt Unsicherheit.

Ganz egal, welchen Aufforderungen für mehr Jugend Sie Folge leisten wollen oder welchen Weg Sie gehen, es geht immer um *Ihre* geistige Haltung, um *Ihre* Gesundheit und um *Ihre* alltägliche Lebenspraxis. Was Sie tun, tun Sie für sich. Nicht weil Sie es sich oder anderen schuldig sind, sondern weil Sie es sich *wert* sind.

Der beste und verantwortlichste „Aging"-Spezialist für Ihr Altern sind Sie selbst. Zu dieser Sichtweise will dieses Buch Sie ermuntern. Es gibt Ihnen keine fertigen Programme und Pläne zum Altern an die Hand. Es liegt an Ihnen, was Sie aus dem vielleicht neuen Blickwinkel machen. Die Verantwortung dafür kann Ihnen niemand abnehmen.

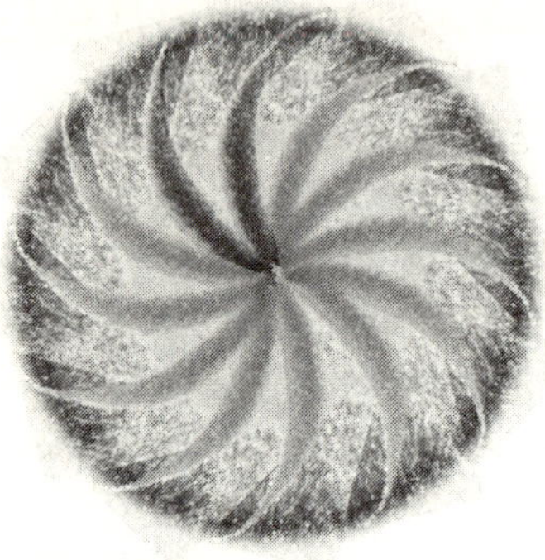

## ACHTSAMKEIT

Jetzt ist nur jetzt

*Sie bleiben bei dem, was Sie tun und werden sich des Augenblicks und Ihrer selbst gewahr.*

Nachdem Sie von der großen Bedeutung des bewussten Handelns und Erlebens für die Aufrechterhaltung der Verantwortung gehört haben, scheint es sinnvoll, für die Achtsamkeit mehr Aufmerksamkeit und Verantwortung zu zeigen.

Fangen wir mit einem ihrer hauptsächlichen Gegenspieler an, der Ablenkung. Es sieht so aus, als ob die Ablenkung ein wesentlicher Bestandteil unseres Lebens ist. Bei vielem, was wir so im Laufe des Tages tun, begeben wir uns geistig weg von dem, was wir gerade tun. Wir verschwinden in andere Welten. Wir imaginieren uns woanders hin. Es sieht so aus, als ob die virtuelle Welt schon immer zu uns gehörte, auch ohne digitale Technik.

Oft sind das Tagträume, denen wir in bestimmten Situationen besonders gerne nachhängen. In ihnen malen wir uns etwas aus. Entweder lassen wir unserem Wunschdenken freien Lauf und versetzen uns in die Rolle eines omnipotenten Alleskönners, der das Unmögliche möglich macht. Oder wir beschwören die Geister des Dunkeln und Katastrophen fürchterlicher Art nehmen plastisch Gestalt an.

Ganz pragmatisch nutzen wir die Geistesreisen auch als Probebühnen für Problemfälle und spielen allerlei Lösungen anschaulich durch bis wir auf eine angenehme und durchführbare stoßen. Neues und auch positive Gefühle können so entstehen.

Je nach Dauer, Intensität und Stoßrichtung wirken die verschiedenen Phantasien bereichernd und heilsam oder auch verstörend und einengend. Immerhin sind wir aber noch der Produzent dieser kreativen Ausflüge. Wir geben, ob bewusst oder eher unbewusst, die Themen vor und liefern aus unserem unerschöpflichen Reservoir tiefer Schichten die Bilder dazu. Mehr oder weniger freiwillig bestimmen wir auch wieder den Ausstieg aus den kleinen Fluchten, die wirklich oft sehr klein und sehr kurz sind und genauso alltagsbegleitenden wie alltagsverdrängenden Charakter haben.

Ganz anders sieht es bei den großen, den vorgefertigten und schön verpackten Illusionswelten aus, die uns als nie endenwollende Bildfolgen berieseln und von denen wir uns gerne berühren lassen. Komplette Ersatzwelten werden uns „cross-medial" in vielen raffinierten Verpackungen angeboten und wer nicht aufpasst, droht darin die Orientierung zu verlieren.

Vor allem die Vermengung von virtuellen, medialen und phantasierten Welten mit der zu lebenden authentischen Realität und ihren spürbaren Wirkungen und Folgen birgt eine oft verwirrende Mischung aus unrealistischen Realitäten.

Aus diesen Mischträumen auszusteigen, ist schwierig und was noch schwerer wiegt: Wir sind nicht mehr die alleinigen Regisseure. Wir haben weniger Einfluss auf Form und Inhalt, auf Intensität und Thema.

Wir lassen es zu, dass wir in die Rolle des Konsumenten gedrängt werden. Wir sollen nur noch wählen zwischen verschiedenen fremdbestimmten Formaten, die wiederum unsere eigenen Phantasieproduktionen auf Trab bringen sollen, allerdings nur in möglichst wieder verwertbare bestimmte Richtungen.

Wir könnten uns, wenn wir es ernsthaft wollten, dem Wechselspiel der Ablenkungen entziehen, aber wir haben vielfältige Gründe und Gewohnheiten, es nicht oder nur teilweise zu tun. Zum Beispiel wollen wir informiert sein über möglichst alles, was auf der Welt passiert. Weil wir aber davon übervoll werden und es nicht recht verdauen können, suchen wir uns *gleichzeitig* abzulenken vom fortwährenden Informationsfluss. Das Fernsehen erfand sich und uns für diesen Zweck das Infotainement und das Dokutainement. Da sitzen wir fest zwischen Informations- und Unterhaltungsbedürfnis und lassen uns im Grunde fortlaufend ablenken vom ernsthaften Kontakt zu einem Thema und dessen Durchdringung. Durch die aufwendigen Verpackungen droht uns der Inhalt zu entgleiten.

Auch andere Ablenkungen haben große Macht, wie etwa der Konsum. Das „Haben wollen" beinhaltet nicht nur einen kurzen Kaufakt, sondern umfasst von der Organisation der Geldbeschaffung über die Auswahl des zu Erwerbenden bis zu seiner angemessenen Nutzung prozesshaft große Abschnitte des Lebens.

So können wir uns nachhaltig ablenken und zerstreuen durch Welten, die wir uns schaffen und in denen wir dann zur Funktion werden um sie zu erhalten oder zum eingepassten, genormten Ausstellungsstück, das sich nur im Diktat der Moden wandelt ohne viel Kontakt zum nötigen eigenen Weg der Wandlung.

Jeder von uns bevorzugt seine eigenen Ablenkungen, die er zwischen Spaß und Verzweiflung gezielt und getrieben betreibt.

Von was aber wollen wir uns ablenken? Wieso wollen wir die direkten und geradlinigen Kräfte der Konzentration nicht auf das fokussieren, was gerade ist oder was wir gerade tun, sondern auf etwas ganz anderes richten und ihre Wirkung zerstreuen? Was ist der Nutzen, zwischen den Phänomenen und uns, d.h. auch unserer Wahrnehmung, noch eine Konstruktionsebene und noch eine Bewusstseinsebene einzuschieben? Ist die Realität und das Bild, das wir uns von ihr machen, so fürchterlich, dass wir meinen, sie nicht aushalten zu können? Oder nehmen wir sie nicht ernst und wechseln lieber, je nach Notwendigkeit oder Lust, zwischen unseren verschiedenen Realitätskonstrukten und ihren Mischformen hin und her?

Oder meinen wir, gar nicht anders handeln zu können, weil wir so wenig Zeit „haben", weil unsere und die Erwartungen anderer an uns so hoch und die Optionen für die Lebensgestaltung so überwältigend vielfältig sind, dass es geboten erscheint, mindestens zwei Handlungen und einen Gedanken gleichzeitig auszuführen?

Wir neigen dazu, zunehmend mehr in uns automatisieren zu wollen, um unseren Geist freizuhalten für „Wichtigeres". Das uns wirklich Wichtige kennen wir oft nicht. Wir müssten uns intensiver auf uns einlassen, um es zu suchen. Davon aber lenkt uns unsere Ablenkung ab.

Natürlich werden wir *die* Realität kaum finden, sondern immer nur die, die wir uns gerade konstruieren. Dennoch gibt es Fakten und Dinge des Alltags, die wir klarer sehen könnten, über die wir einen Konsens mit anderen herstellen könnten und die sich abheben von unseren Phantasien, Deutungen und Bewertungen.

Unser Geist irrt stattdessen oftmals umher zwischen unseren verschiedenen Wahrnehmungen und Wertungen, unseren verschiedenen Gedanken und Gefühlen und der Suche nach unserer Wahrheit, die nicht selten in einer Sucht erstarrt. Unentschlossen lassen wir ihn umherschwirren, sich von der Ablenkung ablenkend, und verbinden ihn nicht konsequent mit nur *einem* Aspekt, so dass alle anderen automatisch in den Hintergrund träten.

Kein Wunder, wenn wir verwirrt werden und sind und unser Geist seine volle Kraft nicht im Geringsten entfalten kann. Stattdessen machen sich allerlei andere Kräfte unangenehm bemerkbar und vergrößern unser geistiges und im Gefolge auch körperliches Durcheinander nur noch mehr. Aus ungerichteten Energieaufwallungen werden folgenreiche Emotionen, die das Kommando übernehmen, uns überfluten und irgendwohin führen. Entweder lenken wir uns schnell ab oder retten uns in starre Verhaltensmuster, deren Zweck es ist, uns nicht in Berührung kommen zu lassen mit all den umherirrenden Kräften.

Dabei läge die Lösung für eine ordnende Hand so nahe. Struktur entsteht, wenn wir *achtsamer* handeln. Das bedeutet nichts anderes, als dass wir unsere Aufmerksamkeit auf das richten, was wir gerade tun oder lassen, was wir spüren und wahrnehmen.

Wir lassen unseren Geist nicht frei umherschwirren und -irren, sondern binden ihn an, an ein Objekt unserer Wahl, wodurch wir zu einem in Einheit handelnden Subjekt werden können. Wir bleiben einfach bei dem, was wir gerade tun. Wir widerstehen allen Impulsen und Gewohnheiten zum inneren Weggehen und zur Zerstreuung und bleiben bei uns.

Unser Ziel ist es nicht mehr, möglichst viele Realitäten zu erzeugen und zwischen diesen zu pendeln, sondern die eine, unsere Wahrheit zu suchen und zu finden, in ihr und durch sie zu leben und zu sein, damit wir der werden, der wir sind.

Das setzt voraus, dass wir willens sind, dies zu tun, und dass wir aufmerksam und konzentriert zu Werke gehen. Es bedeutet nicht, dass wir konzentriert handeln und einen achtsamen Zustand in uns erzeugen, genauso wie Meditation nicht bedeutet, einen meditativen Zustand zu erzeugen und z.B. konzentriert zu atmen.

Bei achtsamem Handeln ist möglichst nichts mehr zwischen uns und unserem Handeln. Wir streben die Einheit an, die Einheit von Körper und Geist, von Bewusstsein und Leben, die das glatte Gegenteil ist von Ablenkung.

Durch achtsames Handeln ordnen wir uns selbst. Es gibt nur *einen* Vordergrund, der unser Jetzt darstellt. Eine Rangfolge der verschiedenen Hintergründe zu erstellen, erübrigt sich oft oder fällt uns wesentlich leichter, da uns klarer wird, was wir wollen und was wir nicht wollen.

In uns ruhend entwickeln wir uns aus uns heraus.

Natürlich ist ununterbrochene Achtsamkeit normalerweise schwer zu erreichen und für uns nahezu unmöglich. Die Leistungsanforderungen im Beruf und mittlerweile auch in der Freizeit verlangen die Streuung unserer Aufmerksamkeit und auch im alltäglichen Miteinander ist es üblich, „auf mehreren Hochzeiten" gleichzeitig zu tanzen.

Doch Sie können versuchen, das zu ändern, indem Sie Schritt für Schritt bewusster handeln und für den Augenblick immer nur ein Ziel angehen.

Zudem wird es Zwischenräume und Zeitinseln geben, auf denen ausschließlich Sie das Sagen haben. Dort wird es Ihnen möglich sein, Achtsamkeit kurzfristig auszuprobieren und zu praktizieren, falls achtsames Handeln nicht schon ohnehin zu Ihrem Alltag gehört.

Noch besser sind Ihre Chancen in längeren Zeiträumen, die Sie frei gestalten können. Dann können Sie es sich für eine längere Handlungsfolge zur Aufgabe machen, ununterbrochen da und bei sich zu bleiben.

Auch wenn Sie sich ablenken wollen durch Fernsehen etwa oder Lesen, dann versuchen Sie, sich diesen Bewusstseinszustand bewusst zu machen, zumindest seinen Anfang und sein Ende zu markieren. Sie machen sich Ihre Ablenkung bewusst und rutschen nicht unbewusst in sie hinein. Dann können Sie sie besser nutzen und genießen ohne „schlechtes Gewissen".

Was Ihnen im alltäglichen Geschehen schwer fallen mag, können Sie natürlich auch gezielt üben. Achtsamkeitstraining zur Schulung Ihres Geistes sollte zu Ihrem Alltag gehören. Dabei können Sie unabhängig von den Anforderungen der äußeren Situation Ihr Eingebundensein in diese tiefere Achtsamkeit kennenlernen und sich für andere Situationen verfügbar machen.

Volle Achtsamkeit ist uns zwar gegeben, aber wir haben sie angesichts der Übermacht freigewählter und manchmal auch unvermeidbarer Ablenkungen aus den Augen verloren und verlernt. Wir müssen sie uns wieder erarbeiten. Dazu dienen Meditation und das Verweilen und Betrachten in Stille. Zusätzlich lernen wir auch, unseren Geist zu nutzen, dessen Kapazitäten zum großen Teil brach liegen.

Die volle Konzentration auf etwas zu lenken, das ohnehin auch ohne unseren Willen in uns passiert, wie etwa die Atmung, ist eine gute Übung, den unsteten Geist einzubinden und zu sich zurückkehren zu lassen. Solange er ruhiger wird und bei dem bleibt, was ist, kann er ganz praktisch gesehen nichts anderes, Illusionäres, oft Negatives erfinden oder in den Vordergrund kommen lassen, in dem wir dann hängen bleiben und nicht mehr offen sind für das, was auf uns zukommt. Vermehrte innere Ruhe und das Gefühl von tragfähiger Ganzheit werden die Folge sein.

Wir nehmen Impulse und Gefühle an und akzeptieren sie. Wir diskutieren und bewerten sie nicht, sondern registrieren sie einfach nur und lassen sie vorüberziehen. Wir machen uns *keine* Gedanken über unsere Gedanken und halten uns fern von unserer inneren Geschwätzigkeit. Unser Gehirn produziert zwar fortlaufend Ideen und Bilder, aber indem wir uns nicht mit ihnen verwickeln geben wir ihnen keine Energie, sodass sie nicht zu etwas werden können, das uns bestimmt.

So werden Sie Schritt für Schritt, Übung für Übung, Erfahrung für Erfahrung zu sich selbst vordringen, wenn Sie es wollen. Ein Anfang oder eine nützliche Gewohnheit könnte es sein, einmal am Tag Stille zu erfahren, d.h. „nichts" zu tun, nur den Fluss der Gedanken und Impulse zu beobachten.

Der rechte Umgang mit der Achtsamkeit hat vielerlei Folgen, die alle nützlich sind für uns. Sei es, dass wir Achtsamkeit als ein Konzept kennen lernen, das uns den Weg zur Einheit von Körper und Geist lehren will. Sei es, dass Achtsamkeit eine praktische Übung darstellt, die uns hilft, diesen Weg konkret zu gehen.

Achtsamkeit hilft uns, angesichts einer verwirrenden und verwirrten äußeren Welt, uns innerlich zu stärken. Wir können lernen, besser mit unseren energetischen Aufwallungen und Emotionen umzugehen, die uns allzu oft überfluten, deren Folgen uns und anderen schaden können und die unser Denken und Handeln in eine Richtung treiben, die uns den Blick und den Weg verstellt für unser Weiterkommen.

Wir können lernen, unseren Geist zu schulen, d.h. die Aktivität unseres Bewusstseins zu beeinflussen, von der einfachen Konzentration auf etwas bis zum Erreichen transzendierender spiritueller Dimensionen.

Wir können lernen, Selbst-Bewusst-Sein zu entwickeln und wir können uns selbst erfahren und das in uns Angelegte verwirklichen. Unabgelenkt können wir teilnehmen an uns selbst. Wir nehmen die Teile von uns an, die wir verdrängt haben. Wir stehen nicht mehr neben uns. Wir sind wirklich dabei. Wir haben Kontakt mit uns.

Alle Formen der Ablenkung haben eines gemeinsam: Sie unterbrechen den Kontakt zu uns selber, sie lenken uns von uns selbst ab. Wir gehen weg von uns. Sei es, dass wir flüchten vor etwas oder dass wir uns hingezogen fühlen oder hingezogen werden zu etwas. Daher ist es von Bedeutung, sich den Antrieb und die Art seiner eigenen Ablenkung deutlich zu machen. Die Gegenspieler der Achtsamkeit weisen uns den Weg zu ihr.

Was mag Sie daran hindern, achtsam zu sein und zu bleiben und im Einklang mit sich selbst zu leben und zu altern? Versuchen Sie, in kleinen wie in großen Zusammenhängen Ihre Ziele, Ihr Handeln und Ihre Aufmerksamkeit dafür genauer unter die Lupe zu nehmen.

Es gibt einige Mechanismen, die wir, bei genauerer Betrachtung, sicher bei uns entdecken können.

Im dauernden Sichern, Katastrophen aller Art befürchtend und durchspielend, eilen wir oft dem Augenblick voraus oder hinken ihm, über Vergangenes träumend und richtend, hinterher. Die kausale Richtung dieser Prozesse mag offen sein, im Jetzt verweilen wir auf jeden Fall nicht.

Anstatt das zu sehen, was ist, sehen wir oft das, was das Sehen in uns auslöst. Wir sehen nicht das Phänomen, sondern dessen bepackte und emotionsgeladene Verarbeitung und Einordnung. Es geht darum, die Phänomene selbst mehr wahrzunehmen und zu erfahren, sie weniger durch oft spekulative Erklärungen in ein Gerüst einzubauen, so dass sie dem direkten Kontakt mit uns entzogen sind.

Bei den Wahrnehmungsvorgängen, die sich stets auf innere Aspekte, auf äußere und auf unsere Phantasieproduktionen beziehen, kommt es darauf an, die Instrumente der Beobachtung rein und sauber zu halten. Das bedeutet, dass wir schon ab Beginn der Wahr*nehmung*, beim „Nehmen des Wahren", möglichst frei sind oder zumindest werden von Vorannahmen, Interpretationen, Ängsten, Hoffnungen und Ähnlichem. Wohl wissend, dass unsere Wahrnehmungsinstrumente ein Teil von uns sind, den Wahrnehmungsvorgang beeinflussen und damit niemals wertfrei sind, bemühen wir uns dennoch darum, die Datenerhebung einfach, klar und direkt zu vollziehen.

Was unser Altern betrifft, bedeutet das, dass wir nicht unseren natürlichen Zustand, der dem Zustand unserer altersgemäßen, ganz persönlichen Reifung entspricht, sehen, sondern wir sehen, indem uns nur die Falten ins Auge springen und wir die Schönheit grauer Haare übersehen, unsere *Bewertung* dieses Zustandes, die immer ein Vergleichen mit früher oder anderen Menschen oder künstlichen Leitbildern ist.

Dabei ist ja die „Jugend", an die wir uns erinnern, nur eine je nach Lebensphase und realer Befindlichkeit gefärbte Imagination, ein flüchtiges synaptisches Konstrukt, das sich der authentischen Gestaltung im Jetzt völlig entzieht.

Die Bedeutung des Jetzt konstituiert sich erst durch Handeln *und* Bewusstheit davon und darin. Sonst wäre ein Jetzt reines Muster, wenn wir, genauso wenig wie in Vergangenheit und Zukunft, sowieso nicht bewusst handelnd eingreifen.

Hier und Jetzt ist, wenn wir es gestaltend nutzen wollen, untrennbar mit Bewusstheit, mit praktizierter tatsächlicher Achtsamkeit verbunden.

Auf der Suche nach den Kräften, die uns daran hindern, wachsam und achtsam im Augenblick zu leben, werden wir die Lockungen und Versprechungen der uns umgebenden Welt entdecken. „Älter werde ich später", ein sicher gut gemeinter Buchtitel, gaukelt das Aussetzen von Werden und Vergehen vor und zieht uns weg von unserer Entwicklung. Anstatt bewusst unseren Reifungsprozess zu begleiten und Teil von ihm zu werden, sollen wir in einem entwicklungslosen Niemandsland verweilen, in dem das Leben erstarrt. Zurück können wir wirklich nicht, auch wenn einige meinen, dass es „zurück in die Zukunft" geht, und nach vorne sollen wir nicht. Was sollen wir dann tun?

Die natürliche Folge ist, dass die Kunst der Ablenkung gefragt ist und immer mehr verfeinert wird, und nicht die der Achtsamkeit.

Das Zusammenspiel von Ablenkung, Realitätsflucht und Sucht wurde in einer Diskussionsrunde zum übermäßigen Trinken und dessen Folgen treffend formuliert: „... dann kommt die grausamste Phase, die Situation so zu sehen, wie sie ist". Darin verbirgt sich eine andere Kraft, die in uns liegt und die uns an der Achtsamkeit hindert. Es scheint für viele, auch wenn sie keiner sichtbaren Sucht anhängen, „grausam" oder zumindest unangenehm zu sein, die Dinge so zu sehen, wie sie sind. Wir wollen die Dinge einfach anders haben. Da uns das oft nicht gelingt, trotz aller Bemühungen und Verdrehungen, entfernen wir uns lieber von ihnen, indem wir einen Filter zwischen uns und die Dinge schieben. Entweder die Dinge erscheinen dann anders, eben so, wie wir sie wollen, oder wir sehen sie gar nicht mehr.

Dabei würde es sich lohnen, auch bei z.B. beängstigenden Gefühlen zu bleiben und sie auszuhalten. Angst, auch wenn sie sich verselbstständigt hat und keine unmittelbare Gefahr droht, kann wertvoll sein. Sie gibt ein Signal, sie stellt Fragen. Sie kann der schmerzvolle Beginn einer notwendigen Veränderung, einer voranschreitenden Reifung sein.

Manchmal allerdings ist es für manche nötig, sich von ihrer schmerzhaften Realität ab- und irgendwo anders hin wenden zu können. Manche Not ist nur schwer oder auch gar nicht zu ertragen. Ablenkungen und Fluchten haben dann fast schon stabilisierenden Charakter.

Auf jeden Fall haben wir keinen guten Kontakt mehr zu den Dingen, wenn wir uns ablenken von ihnen, und sie können nicht mehr in ihrer reinen Form auf uns wirken, so wie wir sie nicht in ihrer reinen Form wahrnehmen können. Es kommt zu keiner Begegnung und auch zu keiner Auseinandersetzung mit offenem Ende. Wir entschärfen die Situation lieber schon im Vorfeld und lassen uns nicht auf sie ein. Hinter diesem Unwillen über die unangenehme Realität mag auch Bequemlichkeit und Trägheit stecken, denn die Konfrontation mit dem was ist, bedeutet Anstrengung und Arbeit, Aushalten und Ausbalancieren.

Was an Ihrem Altern können oder wollen Sie eventuell nicht aushalten? Was in Ihnen ist aus dem Gleichgewicht geraten? Was brauchen Sie, um wieder ins Lot zu kommen? Jeder von Ihnen wird seine eigenen Beweggründe haben, aus einer Situation wegzugehen, sei es äußerlich oder innerlich. Sicher ist dies manchmal sinnvoll und manchmal auch notwendig. Genauso sinnvoll und notwendig ist es auch, sich der Unterbrechungen seiner Achtsamkeit, deren Auslöser und deren Folgen bewusst zu sein und herauszufinden, wie Sie vor allem das innere Weggehen, das sich so leicht vertuschen lässt, anstellen. Mit welchen kleinen Tricks, die längst zu Gewohnheiten geworden sind, arbeiten Sie?

Genauso ist es auch möglich und sinnvoll, dass Sie versuchen, auch dann bei sich zu bleiben, wenn Sie eher wie ein Programm funktionieren, was im Alltag sehr häufig der Fall ist. Auch wenn Sie sich gar nicht unbedingt ändern wollen, lohnt es sich, und sei es nur zu Übungszwecken, sich dieser Programme und Denk- und Handlungsmuster bewusst zu werden. Immerhin können Sie so vielleicht entdecken, wie Sie eventuell von *fremden* Programmierungen gesteuert werden, die Ihnen z.B. sagen wollen, dass alt werden gar nicht nötig sei, wenn Sie nur dieses oder jenes beherzigen und befolgen.

Doch das Gegenteil ist nützlicher: Wenn Sie bewusster leben, nehmen Sie Ihr Altern und Ihr Alter früher wahr, schon in einer Lebensphase, wenn von Alter noch keine Rede ist. Sie können dann Ihr Altern von Anfang an entspannt begleiten, sind weniger plötzlicher Leere ausgesetzt und bei Ihrer Sinnsuche weniger anfällig für „Anti-Aging"-Haltungen.

Das soll nicht bedeuten, dass Sie nicht Ihr ganzes Leben, also nicht nur, wenn Sie das Gefühl des Alterns bekommen, vernünftige Prävention für die Aufrechterhaltung Ihrer Gesundheit und Selbstständigkeit betreiben sollen. Das wird die psychische und physische Qualität Ihres Alterns und Ihres Lebens im Alter erheblich beeinflussen.

Den Prozess der inneren Einheit durch Achtsamkeit verwirklichen, kann allerdings nicht bedeuten, dass wir uns dann einheitlich wohl fühlen und es uns gut geht. Unangenehme, verstörenden Gefühle gehören genauso dazu. Wir wollen nicht unsere Impulse und Empfindungen manipulieren. Wir lassen, soweit es uns gelingt, *alles* zu, was in uns aufsteigt, aber wir verwickeln uns nicht automatisch, egal ob die Impulse angenehm oder unangenehm sind.

Immer wieder werden wir versuchen, Achtsamkeit in unser Leben einzuführen und zwar Achtsamkeit sowohl für die Absicht unseres Handelns, Denkens und Fühlens als auch für dessen Ausführung. Immer wieder werden wir scheitern und am Sinn unserer Bemühungen zweifeln.

Ohne Zweifel aber ist Achtsamkeit, jenseits aller Kulturen, Religionen und Denkrichtungen das Maß und der Weg für Veränderung und Vertiefung, für Halt und Heilung und für Selbsterkenntnis und Selbstverantwortung.

Achtsamkeit ist kein exotisches Meditationsgut, das asketisch und weltfremd lebenden Mönchen und Nonnen vorbehalten ist, sondern eine subjektive, konzentrierte, illusionslose Form der Wahrnehmung und des offenen und mutigen Zulassens und Erlebens dessen, was in uns und um uns ist.

Das deutlich und für jeden verständlich und nachvollziehbar zu machen, sei es im alltäglichen Handeln, bei kontemplativen Übungen oder bei anderen Bemühungen, sein Wesen besser zu erkennen und Störungen, Defizite und Vermeidungen zu bearbeiten, ist Anliegen dieses Kapitels.

Achtsamkeit ist ein verschütteter Schatz für Erfahrung und Erkenntnis, den es wieder zu heben gilt, sei es zur Weiterentwicklung des menschlichen Geistes, sei es, um Klarheit und Gesundheit zu fördern oder sei es, um ein dringendes therapeutisches Bedürfnis zu erfüllen.

Achtsamkeit dient dem ausgeglichenen Altern. Angesichts von Ablenkungen aller Art scheint eine Kultur der Konzentration und die Kommunikation darüber erforderlich.

Die Schulung der Achtsamkeit ist nötig. Sie wird von vielen gewünscht und von vielen bereits praktiziert.

## BEWEGUNG

Alles fließt

*Sie wachsen und entwickeln sich, Sie reifen und ändern sich.*

Das dritte große Grundprinzip, das den Reifungsweg eröffnet, im Grunde aber fortlaufend trägt und voranbringt, ist Bewegung. So unscheinbar und selbstverständlich uns dieses Wort vorkommt, so grundlegend und vielschichtig ist seine Bedeutung für das menschliche Leben.

Es lohnt sich, dem Prinzip Bewegung Aufmerksamkeit und Achtsamkeit zu widmen, um herauszufinden, welche Kräfte in uns wirken und wie sie wirken.

Wo und wie in unserem Leben ist Bewegung im Spiel? Vor allem aber, wie behindern oder verhindern wir Bewegung, die selbsttätig oder von uns in Gang gesetzt, sich vollenden will? Und wie können wir gezielt Bewegung einsetzen, um uns wieder oder überhaupt in Gang zu bringen und in Gang zu bleiben?

Bewegung ist kein Zu-stand, sondern permanente, vielfältig wirkende Veränderung. Weder ist etwas „zu", noch „steht" etwas fest. Be-*weg*-ung ist ein Weg, auf dem es voran, manchmal auch zurück geht, auf dem sich etwas tut, etwas verändert, etwas wächst. Alles Leben hat einen Bewegungsimpuls, aus dem heraus es sich entwickelt: sei es als kontinuierliche Expansion oder Kontraktion, sei es als plötzliche Explosion oder Implosion, sei es als Reifung oder Degeneration.

Alles in uns ist immer in Bewegung. Alles ist dem Gesetz von „stirb und werde“ unterworfen. Unaufhörlich geschieht Veränderung. Vergänglichkeit gehört auch dazu.

Unser Körper ist eine ausdauernde, hocheffiziente Bewegungsmaschine, mit der wir aus eigener Kraft unseren Standort verändern und ferne Orte erreichen können. Unser Bewegungsapparat ermöglicht uns, Hindernisse zu überwinden, etwas herzustellen und wieder zu zerstören, unser Inneres auszudrücken, mit der Umwelt zu kommunizieren und uns an sie anzupassen.

Auch innerhalb unseres Körpers bewegt sich viel. Herzkreisläufe und Stoffwechselvorgänge sind Bewegungen, Muskelanspannungen und Zellprozesse ebenso. Unser Nervensystem nebst Gehirn ist ein Hochleistungscomputer, dessen gigantische synaptische Schaltungen und Informationsbewegungen einigermaßen nachvollziehbar, aber kaum nachbaubar sind.

Unser Gemüt bewegt sich, mal zu unserer Freude, mal zu unserem Leidwesen, und unsere E-motionen sind nichts anderes als verschiedenartige Heraus-Bewegungen von Energieaufwallungen.

Alles ist Bewegung und Bewegung ist alles. Wenn es eng und gefährlich wird für jemanden, dann sagt man, er habe keinen Bewegungsspielraum mehr. Bei großem Schrecken erstarren wir zur Salzsäule und wenn es heißt, „Er bewegt sich nicht mehr“, dann ist gemeinhin der Tod gemeint, das Ende aller Bewegungen.

Manche Tiere können sich als reflektorisches Programm tot stellen, um Feinde abzuwehren, und auch wir kennen in verschiedensten Abstufungen das Erstarren und die Bewegungslosigkeit, mit der wir uns für kurz oder auch länger vom Fluss des Geschehens abtrennen. Äußerlich völlig unbewegt können wir eine Schreckensnachricht aufnehmen, obgleich wir innerlich tief bewegt sind.

Die größten Bewegungen macht unser Geist, auch wenn wir diese Bewegungen nur schwer messen können. Wir selbst erfahren unsere Geistesreisen zweifellos als Bewegung. Problem- und reibungslos transportieren wir uns in Sekundenschnelle an Orte unserer Wahl. Unsere Phantasie schweift mit wem immer wir wollen, wann immer wir wollen, wohin wir wollen.

Unser Geist treibt uns an und spielt Bewegungen vor und durch, sei es, dass er sich komplexe Handlungsfolgen imaginiert und Probe handelt, sei es, dass er eine kleinteilige, rein körperliche Bewegungsfolge einstudiert.

Unser Geist kann uns auch auf Abwege bewegen, indem er sich allzu intensiv und hartnäckig Vorstellungen suggeriert, die, im Zusammenspiel mit aufkeimenden Emotionen, Gemütsbewegungen erzeugen, die uns oder andere in Schwierigkeiten bringen.

Zu den körperlichen, geistigen und seelischen Bewegungen, die in uns und durch die wir wirken, kommen noch die Bewegungen der physikalischen Außenwelt hinzu, die auf uns wirken und denen wir uns anzupassen haben. Geschwindigkeiten beschleunigen sich und wir bewegen uns als Person oder virtuell hierhin und dorthin in atemberaubendem Tempo, so dass wir den Boden unter den Füßen zu verlieren drohen. Unbewegt werden wir bewegt, sei es durch Transport- oder Illusionsmaschinen.

Es erscheint nötig, die äußeren Bewegungen und die inneren Bewegungen aufeinander abzustimmen und sich aller bewegenden Einflüsse bewusst zu werden, um die innere Einheit nicht zu verlieren und zu einer ganzheitlichen Bewegung und Reifung zu gelangen.

Die eigenen Entwicklungsbewegungen brauchen Er-ziehung, das heißt ein Ziel, auf das sie hingezogen werden wie beim körperlichen Wachstum des kleinen Kindes, dessen Feinmotorik sich nach und nach entwickelt, größtenteils aus sich selbst heraus, manchmal sanft von außen geleitet.

Bewegung ist etwas, mit dem wir arbeiten können auf dem Reifungsweg. Wir nutzen ihre selbstverständliche und selbsttragende Kraft, die als lebendiger Bogen uns mit uns und der Umwelt verbindet. Sie verbindet auch die Extreme, die beiden Pole, in denen sich Phänomene für uns manifestieren, zwischen denen wir oft gefangen und erstarrt sind und dadurch in unserer Entwicklung stagnieren.

Kontinuierliche Bewegung stellt, wie beim Fahrradfahren das Gleichgewicht, die Balance her zwischen den polaren Gegensätzen und sorgt dafür, dass wir in ausbalancierter Mitte, in lebendiger Ruhe unterwegs sein können, anstatt an einem Pol als unvollständiger Mensch kleben zu bleiben oder zwischen den Polen bewegungs- und entwicklungslos zu verkümmern und umzufallen.

Bewegung zu verinnerlichen, als geistiges Prinzip und als materielles Geschehen, das sich von selbst vollzieht oder das wir in Gang setzen können, ist hilfreich, damit sich etwas bewegt in unserem Leben und wir nicht stehen bleiben.

Dabei ist es von Bedeutung, Bewegung möglichst bewusst zu erleben. Das heißt, sie sich nicht nur als Prinzip bewusst zu machen, um die großen Verläufe und Bögen im Leben klar sehen zu können, sondern auch mit Achtsamkeit die kleinen, körperlichen, alltäglichen Bewegungen und Entwicklungen wahrzunehmen und zu erleben.

Gerade die von uns oft vernachlässigten körperlichen Abläufe sollten intensiver in unsere Achtsamkeit mit einbezogen werden. Das, was wir automatisiert haben oder was die Natur in uns automatisiert hat, können wir in seinem Ablauf aufmerksamer verfolgen. Wir lassen „es" nicht, wie gewohnt, laufen, sondern wir erforschen den Bewegungsablauf im Detail. Indem wir das tun, werden wir uns lebendiger fühlen, weil wir Anteile von uns, die sonst unbelebt sind, wirklich spüren und uns auch den Folgen dieses Spürens aussetzen. Wir schalten nicht ab und bekämpfen die Bewegungswahrnehmungen nicht, auch wenn sie uns unangenehm oder bedrohlich vorkommen. Das wird uns helfen, uns mehr als ein Ganzes zu erfahren.

Von besonderer Bedeutung ist dies, wenn Sie gezielte körperliche Bewegungsprogramme durchführen. Beim Qi Gong oder dem Tai Chi etwa sind Bewusstheit und Bewegung untrennbar und organisch miteinander verbunden als traditionelle Übungen auf dem persönlichen Reifungsweg.

Wenig bis gar nicht verwurzelt ist das Zusammenspiel von Körper und Geist bei den geläufigen Trainings, die in immer neuen und scheinbar anderen modischen Ausformungen Fitness versprechen. Zum Teil komplizierte Bewegungsmuster werden vorgeschlagen, die der käuflichen Anleitung bedürfen und statt mit Achtsamkeit werden sie oft mit Bewegungsmaschinen gekoppelt. Wir können dann diese oder jene Bewegung optimieren, diesen oder jenen Muskel aufbauen und diese oder jene körperliche Maßzahl erreichen. Auf der Strecke bleibt das Gefühl und das Gespür für einen ganzheitlichen Bewegungsfluss und damit das Gefühl und das Gespür für uns, so wie wir sind.

Vom Ganzen und von der Bewusstheit losgelöste Bewegungsautomatik, so wie sie bei der alltäglichen, sich überschneidenden Vielzahl von Verrichtungen notwendig ist, nutzt bei Übungen für Körper und Geist nicht deren ganze Kraft. Erst wenn wir auch einfache Bewegungsfolgen, wie etwa Dehnungsübungen, Liegestütze oder langsames Laufen bewusst in voller Konzentration und mit großer Aufmerksamkeit und Offenheit für alles, was in uns sowohl körperlich als auch geistig vorgeht, durchführen, kann sich die Wirkung der Übung auf allen Ebenen und nachhaltig entfalten.

Es ist ein großer Unterschied, ob Sie mit einem Walkman im Ohr und einem Zeitplan im Kopf hinter etwas oder jemandem herrennen oder ob Sie Ihren Atem beobachten, das Schwingen Ihrer Arme und Beine spüren und Ihre Bewegungen genießen. So laufen Sie nach innen und zu sich, anstatt an sich vorbei und von sich wegzulaufen. Probieren Sie es aus.*

Versuchen Sie, Ihre Bewegungs- und Übungsprogramme mit mehr Achtsamkeit durchzuführen. Verringern Sie Ihr Tempo und steigern Sie Ihre Konzentration für das, was Sie tatsächlich tun. Wie funktionieren Ihre Bewegungen? Wann fangen sie an und wie kommen sie zu Ende bzw. wie unterbrechen Sie sie? Wie werden sie unterbrochen? Welche Bewegungen finden gleichzeitig statt? Welche ergänzen oder behindern sich? Welche sind eher nötig, welche eher überflüssig? Ihre körperlichen Bewegungen stellen Ihnen ein reiches Feld der Beobachtung zur Verfü-

* Meyer, Ulfilas: Happy Running – Lauflust. Die 7 Weisheiten des Laufens. Reinbeck 2002.

gung. Sie bleiben bei Ihren tatsächlichen Bewegungen, wie immer angenehm oder unangenehm, wie immer abgehackt oder fließend, wie anstrengend oder erfrischend diese auch sein mögen.

Sie sehen nicht illusionäre Modellbewegungen, sondern Ihre ganz persönlichen, so wie sie sind. Dadurch sehen Sie sich. Ihre Bewegungen, das sind Sie, so wie Sie gerade sind.

Wenn Sie Ihre Bewegungen im Fluss halten, dann halten Sie auch sich im Fluss. Sie reifen und wachsen. Sie werden älter und immer älter. Sie spüren diese grundlegende, natürliche und vielfältige Bewegung in sich. Sie akzeptieren sie.

Es macht keinen Sinn, diese Bewegung maskieren oder gar anhalten zu wollen. Sie würden sich von sich selbst entfremden. Alles ist in Bewegung und das wird auch so bleiben. Ihre Gene ziehen Sie oder auch andere weiter. Aging ist keine Bewegung, die Sie stoppen können, auch wenn noch so viele „Anti"-Spezialisten Ihnen dies versprechen.

Es bleibt Ihnen nichts anderes übrig, als *mit* der Bewegung zu gehen und das ist gut so. Darin liegt Ihre große Chance, im Einklang mit sich selbst und in sich ruhend zu altern. Sie passen sich der Bewegung des Alterns an. Vielleicht kennen Sie aus verschiedenen Sportarten das gute Gefühl von Einheit, das entsteht, wenn Sie als Ganzes, geerdet und geschmeidig, mit einer Bewegung gehen und nicht gegen sie, wie etwa beim für Sie richtigen Laufrhythmus, dem ausbalancierten Gleiten beim Skifahren oder in der Leichtigkeit eines gut getimten Tennisschlages.

Versuchen Sie ein Gefühl zu bekommen für alle Ihre Bewegungen, so dass es Ihnen leichter fällt, diese Bewegungen anzunehmen, eins zu werden mit ihnen und ihren eingeschriebenen und weit reichenden Energiefluss für sich zu nutzen.

Wenn Sie die blockierenden Haltungen nicht eindringen lassen in Ihren Geist und die Bereiche, die für den Bewegungsfluss mitverantwortlich sind, dann wird es Ihnen eher gelingen, Ihre Bewegungen, im Großen wie im Kleinen so zu gestalten, dass Sie zu *Ihnen* passen und dass Sie sie genießen können als freien Ausdruck Ihrer selbst.

Sie unterbrechen Ihr Altern nicht und versuchen es auch nicht künstlich zu beeinflussen.

Um mit den großen Bewegungen der Entwicklung und des Wachstums, deren Wirken sich über längere Zeiträume hinzieht und deren Veränderungen nicht unmittelbar sichtbar sind, besser umgehen zu können, ist es hilfreich, die dazu nötigen Voraussetzungen in kleinen, unmittelbaren Bewegungseinheiten auszuprobieren und einzuüben. Ganzheitlich und bewusst durchgeführte Bewegungsprogramme haben also, neben ihrem rein organischen Nutzen und der konkreten Gesundheitsvor- und -fürsorge auch den Vorteil, dass sie uns einstimmen und einschwingen können auf die nötige Leichtigkeit und Flüssigkeit für eher geistige und emotionale Bewegungen. Sie verschaffen uns Elastizität und Flexibilität, um Verhärtungen und Fixierungen zu lösen, die den Gang unserer Entwicklung behindern.

Genauso dienen kleine innere Bewegungen und Fortschritte, wie z.B. Verhaltensänderungen in immer wiederkehrenden Konfliktsituationen oder ein neuer konstruktiverer Umgang mit allzu heftigen Gemütsbewegungen dem Gelingen und Durchhalten größerer Veränderungen oder Anpassungen.

Natürlich bedingen sich kleine und große Bewegungen gegenseitig. Deren Zusammenwirken, aber auch deren jeweiliger hemmender oder verstärkender Einfluss soll in der Weisheit der Bewegung ausgedrückt werden. Darum und um das alles Leben durchdringende Prinzip Bewegung deutlicher werden zu lassen, werden hier die verschiedenen Dimensionen und Qualitäten von Bewegung gemischt und auf verschiedene, oft wechselnde Weise betrachtet.

Eine für die Notwendigkeit und die Macht von Bewegung offene Grundeinstellung fordert geradezu, Bewegung auf allen Ebenen immer wieder zu erfahren und einzuüben. Das bedeutet auch, Bewegung und Alltag nicht voneinander zu trennen durch verordnete Bewegungsprogramme auf der einen Seite und alltägliche träge erstarrte Gewohnheiten und Bequemlichkeiten auf der anderen Seite. Vielmehr wird Bewegung ganz praktisch, ganz körperlich in den Alltag integriert z.B. durch Treppensteigen statt

Aufzug fahren oder Tätigkeiten im Haushalt, die mit der Hand erarbeitet werden ohne maschinelle Unterstützung.

Die Gegenspieler des Prinzips Bewegung, Erstarrung und Stagnation, können in den großen oder kleinen Dimensionen Fuß gefasst haben und von dort andere Bereiche behindern mit rückwirkenden Folgen für den Ausgangsbereich. Wer sich schlecht oder gehemmt bewegt bei alltäglichen Abläufen, kann dies als Folge einer geistigen Blockade oder auch Ungeübtheit sehen und sollte sich bewusst sein, dass seine gehemmten körperlichen Bewegungsabläufe Auswirkungen auf seine geistige Beweglichkeit haben können und umgekehrt.

Wenn unsere Bewegungen, die inneren wie die äußeren, wie selbstverständlich funktionieren, nehmen wir sie kaum wahr. Dann sind wir im Fluss und gleiten geschmeidig und flexibel voran, in welcher Dimension auch immer. Erst die Unterbrechungen des Bewegungsflusses nehmen wir deutlicher wahr. Dann merken wir, dass etwas nicht funktioniert. Erst dann entdecken wir, dass das Festhalten an etwas, das sture Beharren oder auch vorgeformte und genormte Abläufe, die die persönlichen, authentischen Bewegungs- und Entwicklungsvariationen erschweren oder verunmöglichen, der falsche Weg sind, so vorteilhaft er für den Augenblick auch erscheinen mag.

Entwicklung, Reifung, das heißt „aging" zu fördern, heißt auch, seinem eigenen An- und Festhalten auf die Schliche zu kommen. Versuchen Sie also herauszukommen aus Ihren Komfortzonen und Wohlfühlecken, in denen alles so bleiben soll, wie es immer schon war.

Dazu gehört auch, Handlungsbewegungen, also schon begonnene Handlungen mit einem oder verschiedenen bestimmten Zielen, nicht zu unterbrechen oder abzubrechen durch inneres Geschwätz, wie unnötige Bewertungen oder Vergleiche sowie draufgepackte Phantasien, sondern zu Ende zu bringen. Sonst finden wir uns in einer weit entfernten geistigen Welt und überflutet von Emotionen wieder und die Bewegung unserer Absicht, unserer Aktivität, unserer Handlung versickert antriebslos im Niemandsland freischwebender Assoziationen. Die Kraft von Impulsen und Initiativen droht, verloren zu gehen und nicht genützt zu werden.

Versuchen Sie herauszufinden, wie Sie sich auf Ihrem Weg der Be-weg-ung behindern. Wann und wie erstarren Sie und treten auf der Stelle, anstatt sich dem Fluss des Lebens zu überlassen oder selbsttätig Ihre Beweglichkeit zu nutzen? Unterdrückte Bewegungsimpulse sind gefangene Energien, deren Wirken im Unter- und Hintergrund störend, unverständlich bis bedrohlich und nachhaltig sein kann.

Bewegung ist nötig, um etwas zu verändern, um einen anderen Weg zu gehen. In der Bewegungslosigkeit kann nur wenig passieren, es fehlt die Spannung. Bevor wir woanders ankommen können, müssen wir uns bewegen. Wir müssen etwas oder überhaupt aufbrechen, um in Bewegung zu kommen.

Erst in der Bewegung erlangen wir die volle Bewusstheit, das heißt Wahrnehmen *und* Erleben dessen, was wir tun. Wir kommen, indem wir spüren, mit uns und unserer Umwelt besser in Kontakt.

Bewegung gibt uns in jeder Hinsicht Selbst-bewusst-sein. Ganz praktisch können wir selbst, aus uns heraus, unseren Standort verändern und Entfernungen überbrücken. Genauso können wir in uns Dinge zusammenführen oder auch auseinanderhalten und Veränderungen vorantreiben.

Wir können Bewegung in unser Leben bringen, wenn wir unsere Bewegungen beleben. Wenn wir uns bewegen, sichtbar oder unsichtbar, verändern wir etwas. Bewegung ist Veränderung, weil sie im Jetzt stattfindet. Es sei denn, sie ist zu einem starren, zwanghaften Ritual geworden, das in seiner Unbeweglichkeit Vergangenheit und Zukunft bewegungslos miteinander verbindet, so dass sie eher wie ein Stillstand wirkt als wie ein Fortschritt.

Es genügt es auch nicht, beweglich zu sein oder zu bleiben, sondern es ist nötig, dies immer wieder zu werden, als Anpassung an die jeweiligen Bedingungen und die Folgen unseres Handelns, um nicht zu rosten während wir rasten.

Werden die Bewegungs- und Verhaltensmuster zu starr, kann es zu gewohnheitsmäßigen oder eingefleischten motorischen und gedanklichen Hemmungen kommen. Depressive Zu-stände und Nieder-geschlagen-heit etwa sind das Gegenteil von Bewegung. Neue Bewegungs- und Verhaltensprogramme körperlicher oder geistiger Art bergen aber nur dann das Potential für eine echte Veränderung, wenn sie bewusst durchgeführt und in den Alltag integriert werden und wenn die Auslösesituation der alten Bewegungshemmung erkannt wird.

Konstruktive und heilende Bewegung ist ein dynamischer Prozess, zwischen Anspannung und Entspannung, nicht zwischen Verspannung und Auflösung.

Die negativen Folgen vor allem körperlicher Bewegungsarmut sind bekannt und in irgendeiner Form berühren sie uns alle. Wir haben uns maschinelle Substitute geschaffen oder die notwendigen Bewegungen an andere delegiert und damit haben wir begonnen, unseren Bewegungsapparat verkümmern zu lassen, indem wir ihn nicht betätigen und auch nicht die für den Gesamtorganismus notwendigen Reize setzen. Das fördert unsere Neigung, Haltungen zu fixieren und Zustände zu zementieren, anstatt in Prozessen voranzuschreiten. Denn der Mensch ist kein statisches oder gar statistisches Gebilde, sondern ein individueller subjektiver, lebendiger Organismus. Unsere äußere Haltung beeinflusst unsere innere Haltung und unsere innere Haltung beeinflusst unsere äußere Haltung.

Verwirrend wirken können auch die zahlreichen Bewegungssimulationen und -illusionen, die wir uns verschafft haben und die uns, hauptsächlich medial und digital aus unserem körperlich begrenzten Leben entführen. Sinne und Geist sind dabei zwar hochaktiv und alles in uns mag in Aufruhr und Bewegung sein, aber eine richtige Fortbewegung ist es nicht. Ein Teil von uns bleibt bewegungslos zurück. Wir dürfen nicht zu einer Im-mobilie unseres Lebens werden, die ab und an einmal besucht und bewohnt wird, deren Teile repariert und ausgetauscht werden, die schön aussehen und deren Wert immer steigen soll.

Der Verdinglichungsprozess, der uns uns selbst und dem Lebendigen entfremdet, hat schon weit um sich gegriffen. Wir sind keine Sachen sondern Lebewesen.

Phantasiereisen haben natürlich ihren Sinn. Sie gehören auch zu uns und dienen durch die Kraft der Imagination dem individuellen wie dem kollektiven Fortschritt, aber die Gefahr der unterdrückenden Normierung durch fixierte und einseitige Vorgaben ist vorhanden.

Genauso wie die Summe und die Komplexität selbst erdachter, vorgekauter und tatsächlicher Bewegungen und deren fordernde Beschleunigung uns zunehmend überfordert und unsere innere Einheit weiter zu zerreißen droht.

Ein strukturiertes, vereinfachtes und verlangsamtes Gleichmaß aller Bewegungen wird uns helfen, den Fluss des Lebens und das Fließen in uns besser spüren zu können.

Bewegung ist Veränderung und Erneuerung, Heilung und Reifung, Öffnung und Einklang.

„Aging" ist Bewegung.

Wenn es uns gelingt, unsere Energien fließen zu lassen, loszulassen von unseren starren Haltungen und uns vertrauensvoll in uns niederzulassen, bleiben wir als ganzer Mensch in Bewegung und können uns gelassen unserem Alterungsprozess überlassen, egal wie alt wir gerade sind.

# ORDNUNGEN DES GEISTES

*Man muss die Welt nicht verstehen –
man muss sich darin zurechtfinden.*

Albert Einstein

## STRUKTURIERUNG

Das schöpferische Chaos

*Sie wählen, was Sie wollen und Sie wollen, was Sie wählen.*

Den Bewegungen des Lebens, dem vielfältigen und unaufhaltsamen Fließen stellen wir etwas zur Seite, das es uns ermöglicht, die nicht endende Kraft der Lebensenergien zu nutzen. Das ist auch nötig, weil wir sonst von der Wucht der Bewegungen und dem Chaos der Phänomene mitgerissen werden und Gefahr laufen, in Strudeln und Untiefen überflutet zu werden und unterzugehen.

Wir nutzen unseren Geist, dessen Macht darin besteht, dem gewaltigen und urwüchsigen Fließen eine Richtung, ein Tempo und eine Ordnung zu geben. Wir ordnen und strukturieren den Fluss des Lebens. Wir bringen Struktur in unser Leben. Wir erkennen und ordnen die Teile und vereinigen sie zu einem flexiblen und persönlichen Ganzen.

Wir lassen uns nicht treiben wie ein Stück Holz, das sich irgendwann einmal verfängt und hängen bleibt oder durch stete Kollisionen an Form und Umfang verliert. Wir sind durchaus in der Lage, dem wirbelnden Geschehen eine Struktur zu geben. Das ist unsere Anpassungsleistung an das Leben und die Dinge, so wie sie sind und wie sie sich permanent entwickeln und verändern. Immer wieder neu strukturieren wir uns für den Fluss des Geschehens, wobei sich manche Strukturen lebenslang erhalten und wir andere von Situation zu Situation verändern müssen oder wollen.

Durch die Strukturen schaffen wir innere und äußere Räume, in denen wir uns entwickeln und reifen, verändern und stabilisieren können. Wir geben unserem Inhalt eine – meist vorübergehende – Form, die sich wandeln muss, weil der Inhalt sich wandelt und weil die Form, wenn sie erstarrt und den Entwicklungsfluss behindert, zum störenden Inhalt werden kann. Dann ist eine Strukturveränderung nötig, was ein schmerzhafter Gestaltungsprozess sein kann, weil wir durch etwas „durchgehen“ müssen.

Gewachsene Strukturen müssen wir auflösen, vorübergehende Leere und Orientierungslosigkeit ertragen und neue Strukturen erfinden oder geschehen lassen. Dieser Prozess findet zwangsläufig und besonders schmerzhaft statt, wenn Strukturen gewaltsam oder plötzlich zerstört werden durch äußere Umstände, Krankheit oder Tod. Schmerz, Trauer oder Wut sind die „Arbeitsgeräusche“ der notwendigen inneren wie äußeren Neustrukturierung.

Struktur ist das, was wir brauchen, um uns zu orientieren und den Kopf über Wasser zu halten. Da wir nun einmal mit einem Geist ausgestattet sind, der kontinuierlich Fragen stellt, Hoffnungen und Befürchtungen generiert und unstet zwischen Wahn und Wirklichkeit umherirrt, ist es notwendig, ihn zu benutzen und zur Ruhe zu bringen.

Unser Geist ist es, der Strukturen und Vorgaben braucht, weil er sich sonst in ein heilloses Durcheinander verstrickt, dessen Folgen uns zu überwältigen drohen. Wir werden leicht zum Opfer der Geschehnisse, zumindest fühlen wir uns so und verlieren uns in schlechten und schädlichen Angewohnheiten und Vermeidungskonzepten, die uns am Leben vorbeileben lassen. Wir sind oft eher mit Reparaturen und Notfällen beschäftigt, als dass wir geplant und konstruktiv die Wege beschreiten, die wir beschreiten wollen.

Trotzdem können uns die geistigen Ordnungsversuche auch auf Ab- und Umwege führen. Struktur schließt, wenn sie zu stur und mechanisch arbeitet, manches aus und kann „unrealistische“ Realitäten erzeugen.

Unser Hang zum Rationalisieren und unsere Sehnsucht nach Erklärungen lässt uns zum Beispiel schlechte Gefühle oder unangenehm erlebte Situationen in endlosen Kausalketten „begründen“, die wiederum schlechte Gefühle erzeugen, die wiederum ergründet werden wollen und doch nur spekulativ gedeutet werden können. Mit dieser „Negativität der Negativität“ konstruieren wir uns schnell und weitgehend unbemerkt Gedankengebäude, die uns weit weg von unserem Weg führen. Wir wähnen uns in der Wahrheit und machen doch nicht das, was wir wollen. Größtmögliche Flexibilität und Offenheit ist nötig, um sich der Komplexität des Lebens immer wieder neu anpassen zu können.

Alles, was wir tun, mit uns und mit anderen oder mit der Umwelt, hat Folgen, die unter Umständen kontraproduktiv sind zu dem, was unser Tun und Lassen beabsichtigte. Das sollten wir im Gedächtnis behalten. Wir brauchen deshalb unsere Intuition und Spontaneität nicht einzudämmen, wohl aber unser unbedachtes Dahingleiten auf den Wogen der Emotion und deren ausufernden Rechtfertigungen.

Struktur soll nicht den natürlichen Bewegungen des Lebens im Wege stehen. Strukturierung ist vielmehr selbstverständliche, lebensbegleitende und bewegende Aufgabe und Arbeit des Menschen, dem, weil er Mensch und mit Gefühlen und Gedanken und deren Wechselspiel ausgestattet ist, die „eine“ Struktur und deren „automatische“ Befolgung abhanden gekommen ist. Dabei braucht er sich nicht nur fiktive und künstliche Strukturen zu ersinnen, sondern kann durch Betrachtung der natürlichen Abläufe und Systeme vorhandene Strukturen entdecken und übernehmen, die auch für sein ganz persönliches Gelingen von Bedeutung sind.

Vorgegebene, unabänderliche prozessuale Strukturen, wie Werden und Vergehen, Anziehung und Abstoßung, Expansion und Kontraktion müssen wir akzeptieren. Wir können ihre Essenz, das was sie ausmacht in ihren Abläufen, Begrenzungen und Chancen, übertragen auf Ordnungen und Entscheidungen in unserem alltäglichen Leben.

Strukturierung ist ein schöpferischer Vorgang, der uns an das – scheinbare – Chaos der Phänomene anpasst. Er birgt für uns eine gewisse Handlungsautonomie und lässt uns, trotz aller deterministischen Vorgaben, Wahlfreiheiten, die unser Leben erleichtern oder erschweren, reduzieren oder potenzieren können.

Die meisten Strukturen, die grundlegenden, sind schon gelegt. Nur sind sie uns nicht bewusst. Wir realisieren ihre Auswirkungen, ohne dass deren zugrundeliegende Struktur uns klar ist, als Mangel oder Problem, als Wohlgefühl oder Erfüllung, als Überraschung oder Geheimnis.

Daher ist Achtsamkeit von so großer Bedeutung. Sie ist eine natürliche, uns gegebene Weise der Klarsichtigkeit, die, wenn wir wach, offen und vertrauensvoll vorgehen, uns zum Wesen der Dinge bringt. Achtsamkeit ist Struktur. Sie hilft uns, den Plan des Lebens und sein unabänderliches Voranschreiten zu entdecken und vielleicht ein wenig zu verstehen.

Es kommt darauf an, die vorhandenen Strukturen zu erkennen und innerhalb dieser persönliche Strukturierungen vorzunehmen. Zu den vorhandenen Strukturen zählen nicht nur die den Menschen allgemein konstituierenden und die der physikalischen, biologischen und sozialen Umwelt, sondern auch unsere ganz persönlichen, individuellen, die uns unverwechselbar zu dem machen, der wir sind. Diese Strukturen, die auch etwas mit Potenzialen und Grenzen zu tun haben, müssen wir notwendigerweise erst erkennen und akzeptieren. Das bedeutet, sich zu erkennen und den eigenen Dingen auf den Grund zu gehen. Dann kann sich die Persönlichkeit entwickeln, entfalten und reifen. Durch die Kenntnis der gegebenen Strukturen finden wir unsere gewünschten Strukturen.

Für die gewünschten Strukturen ist es nötig, dass wir sie wollen. Wir entscheiden uns dafür, dass wir bestimmte Strukturen für uns als wichtig erachten und anzustreben versuchen, sei es im Großen, sei es im Kleinen, sei es im Denken, sei es im Fühlen, sei es für längere Perioden oder sei es nur für kurze Momente.

Wir versuchen erst einmal unabhängig von äußeren Vorgaben und eingefahrenen Konventionen zu entscheiden, was uns ganz persönlich wichtig oder wertvoll ist. Die Hierarchie unserer Werte kann sich dabei zum Beispiel deutlich von denen der Freizeit- und Gesundheitsindustrie unterscheiden, wie etwa bei den präventiven Maßnahmen, die wir für wichtig erachten, um die verschiedenen Veränderungen und auch Beeinträchtigungen des Alterungs- und Reifungsprozesses angemessen zu begleiten oder schon im Vorfeld in angemessene Bahnen zu lenken.

Wir schaffen Strukturen nicht um der Struktur willen, sondern weil wir sie brauchen, weil wir uns zurechtfinden und weiterkommen wollen und weil wir wissen, dass nur die Summe geordneter Teile ein geordnetes Ganzes oder vielleicht sogar mehr ergeben können.

Strukturieren heißt auch, einen inneren Abstand zu schaffen zwischen uns und dem Fluss der Dinge. So können wir die einzelnen Phänomene besser betrachten, sie gewichten und in Einklang bringen mit unseren Erfahrungen und Bedürfnissen. Dieser Abstand wird wichtiger, weil die äußeren Strukturen immer mehr verschwimmen oder gar untergehen und darum die inneren Strukturen tragfähiger Grund sein und immer wieder werden sollen. Flüchtige Formen, wie Lifestyle etwa, die entfesselte Entwicklung der digitalen Technik, soziale Umwälzungen wie Patchwork-Familien und Puzzle-Biographien lassen Verwurzelungen im Äußeren nicht mehr so zu wie früher.

Gerade für den mit täglicher Überforderung kämpfenden Wahrnehmungsprozess ist eine ordnende und gewichtende Hand von Bedeutung. Zwar ist Wahrnehmung von sich aus schon ein strukturierter und strukturierender Vorgang, der die Reize in Rastern erfasst und in Vorgebahntes weiterleitet. Dennoch und auch gerade deswegen ist es wichtig, so weit es geht, den sensorischen und neurologischen Input einer distanzierten und bewussten geistigen Bearbeitung zu unterziehen bevor er als gedanklicher oder physiologischer Output Folgen nach sich zieht.

Das steht nicht im Widerspruch zum Prozess der Bewusstheit und Achtsamkeit, der das unmittelbare Erleben *und* Wahrnehmen in den Vordergrund stellt und die Einheit von Körper und Geist erhofft.

Die strukturierende Distanzierung ergänzt die natürliche Strukturierung der Achtsamkeit und hilft uns in unserem Alltag das Wesentliche der Dinge besser wahrzunehmen: Worum geht es wirklich in einer Situation? Was steckt hinter der überwältigenden Flut der Emotionen? Ist das, was Sie gerade tun, auch das, was Sie wollen?

Wir können dafür sorgen, dass wir uns nicht im glitzernden Schein der Erscheinungen verlaufen. Strukturierung und Distanz sind Methoden auf dem Weg zur inneren Ganzheit.

Grenzen und ein Halt sowie Abstand zum Geschehen sind einfach nötig, um durch die alltäglichen Klippen zu schiffen und mit den Stürmen des Lebens zurechtzukommen.

Ordnungen des Geistes helfen uns, unsere Kräfte zu bündeln und vor der Zerstreuung zu bewahren. Wir können unser Ziel klarer sehen und unser Weg wird erkennbarer. Unser Potenzial kann sich besser entfalten, wenn wir uns für dieses oder jenes *entscheiden*, das heißt, wenn wir dieses von jenem scheiden und nicht ungestüm auf mehreren Wegen gleichzeitig losstürmen oder wie gelähmt verharren, weil sich uns zu viele Optionen bieten.

Unsere Klarheit kann auch sozialen und vorausschauenden Charakter bekommen. Wir lassen die Dinge zwar auf uns zukommen und vereinnahmen das Leben nicht durch einen zwanghaft zu befolgenden Supra-Plan, aber wir laden den Druck des Lebens auch nicht auf andere ab, indem wir uns geschickt und methodisch vor Aufgaben und Entscheidungen drücken. Wir versuchen, uns die Mitte zu erarbeiten zwischen den Extremen des „Getrieben Seins" und des „Sich Treiben Lassens".

Der Vorgang der Strukturierung soll achtsam sein, ohne dass wir in reiner Achtsamkeit unsere alltägliche Struktur verlieren. Sich völlig losgelöst von Konstruktionen und realen Notwendigkeiten dem reinen Beobachten zu öffnen, ist Vorgang und Methode der Meditation und im normalen Alltag für die meisten von uns nur schwer möglich und auch nicht sinnvoll.

In Vieles in Ihrem Leben können Sie Struktur bringen, wenn Sie es wollen. In die Entscheidungsfindungen für große und kleine Fragen, in den Umgang mit Impulsen und Emotionen, in die Gewichtung Ihrer Kontakte mit anderen Menschen, in die Hierarchie Ihrer Werte und Normen, in die Prioritäten Ihres alltäglichen beruflichen und privaten Handelns, in die Präferenzen der Konstruktionen, die Sie sich von der Welt und sich machen, in Ihre existenziellen Nöte und Sehnsüchte. In alles, was Ihnen chaotisch und verwirrend vorkommt, können Sie versuchen, Licht und Klarheit zu bringen. Dazu ist Konzentration nötig, ein fester Wille, Ausdauer und manchmal auch Hilfe, um Illusionen zu erkennen und Unwissenheit zu beseitigen.

Strukturierung ist sinnvoll, um herauszufinden, was Sie wirklich wollen. Sie bringen Ordnung in den Haushalt Ihrer Bedürfnisse. Was sind Ihre Wünsche an das Leben und für das Leben? Dürfen Sie überhaupt etwas wollen? Wie können Sie Ihre Wünsche umsetzen? Was sollten Sie dabei alles beachten? Wenn Sie sich zum Beispiel Glück erhoffen, ist es dann nicht naheliegend, dass andere das auch wollen? Was könnte das für Folgen für Ihr Denken und Handeln haben? Gibt es etwas, das Sie daran hindert, Ihre Bedürfnisse zu befriedigen? Stehen Sie sich vielleicht selbst im Wege oder fehlt etwas? Sind dafür Defizite, Störungen oder Vermeidungen die Ursache? Was können Sie ändern, was nicht? Wofür wollen Sie eventuell Hilfe in Anspruch nehmen?

Wichtig für unsere immer wiederkehrenden Strukturierungsprozesse ist es, der Versuchung zu widerstehen, Strukturen zu starren Mustern werden zu lassen. Das kann passieren, wenn wir nur schlechten Kontakt zur gegebenen Situation finden, sie nicht auf uns wirken lassen und sie nicht so sehen, wie sie ist. Unser Handeln ist dann eher bestimmt von unserer Resonanz auf Phantasien und eingefleischte innere Vorgänge, wie etwa die Vermeidung von Angst oder unangenehmen Gefühlen.

Strukturierung ist, genauso wie „aging", kein Zustand sondern ein Prozess. Wir finden Formen und wir lösen Formen wieder auf. Wir durchdringen Formen und finden Inhalte, für die wir neue Formen suchen. Beim Strukturieren bringen wir die Dinge in eine Reihenfolge und ordnen sie auf ein Ganzes hin, ohne uns für immer festlegen zu wollen.

Auch unser Geist ist reine Struktur und tendiert dazu, an etwas festhalten zu wollen. Dessen eingedenk lassen wir auch wieder los und lassen ab und an, wenn wir uns trauen, unsere Intuition, unsere innere Stimme sprechen, deren Struktur uns nicht einsichtig ist, die aber einen Teil unserer Weisheit ausmacht.

Strukturierung ist die fließende Anpassung an die Umwelt, indem wir auf die Anforderungen aus der Umwelt antworten. Immer wieder sichten wir dabei das Chaos, das uns Angst macht und uns zu verschlingen droht. Aber das Chaos birgt Chancen. Es erinnert uns daran, dass wir uns ordnen müssen, um Einklang und Rhythmus zu finden und uns selbst näher zu kommen. Es stellt Fragen und gibt völlig neue überraschende Antworten. Chaos kann inspirierend sein.

Versuchen Sie sich ab und an offen zu halten auch für das, was nicht in Ihre Schubladen passt und dessen Aussehen und Energien Ihnen fremd vorkommen. Auch das Chaos hat Ordnungen, nur können wir sie nicht sehen und nicht verstehen. Wir sind zu nah dran.

Manchmal oder sogar häufig verursachen wir unser Chaos selbst, indem wir die Dinge wälzen und bewerten, mit wechselnden Bedeutungen versehen, sie mit Sinn und Unsinn beladen bis der Kern der Dinge unsichtbar wird und wir ein Spielball unserer Konstruktionen werden, deren Spiel sich für uns auf undurchschaubare Weise verselbständigt hat.

Nötig ist das rechte Maß und der balancierte Ausgleich zwischen Offenheit und Geschlossenheit. Wir brauchen einen Rahmen, weil wir sonst unsere Grenzen nicht spüren können. Manchmal allerdings sollten wir ihn wechseln oder es auch mal ohne probieren, um uns unserer möglichen Weite bewusst zu werden.

Strukturierung bedeutet ganz praktisch eine sinnvolle Lebensführung, sei es um nutzlosen Stress und Streit zu vermeiden, sei es um für unsere Wege Ziele zu finden oder unseren Zielen Wege zu suchen, sei es um unserer Zukunft ein Zuhause und unserem Suchen Sinn zu geben.

Strukturierung kann dazu dienen, sicherzustellen, dass das, was Sie gerade machen, auch wirklich Ihren gewählten Zielen entspricht und Sie sich nicht durch äußere Beeinflussungen oder innere Gewohnheiten auf Abwegen verlaufen. Ist die Auseinandersetzung, die Sie gerade führen, wirklich hilfreich und nötig, um die Aufgabe, die Sie sich vorgenommen haben, effektiv durchzuführen und zu beenden? Manchmal sind wir so verstrickt in solche unfruchtbaren Dialoge, dass es dringend erscheint, unsere Sichtweise umzustrukturieren und die Situation von einem anderen, unserem ursprünglichen Wunsch widersprechenden Blickwinkel zu betrachten. Indem wir unserem Sehen und Handeln einen neuen, fruchtbaren Rahmen geben, wird uns plötzlich klar, wie überflüssig und für uns selbst und andere irreführend die Auseinandersetzung war.

Unserem Wahrnehmen, unserem Fühlen, Denken und Handeln eine Struktur geben zu können, ist uns Menschen gegeben. Alles ist und wird letztendlich Struktur, genauso wie alles im Wandel ist, immer wieder und ohne Ende. Deshalb ist von uns betriebene und verantwortete Strukturierung wichtig als permanenter Prozess der Anpassung, der unseren Geist ordnet und mit Hilfe eines geordneten Geistes die Entwicklungen und Veränderungen einsichtig und gangbar macht.

Die Unfähigkeit, vertrauensvoll und aktiv zu altern, kann nicht nur die Folge sein von einem Mangel an Fähigkeit zu strukturieren, sondern auch von einem Mangel an Willen dazu. Es geht darum, Lebensabschnitte bewusst zu betrachten und bewusst zu Ende zu bringen. Dabei bleiben wir uns des endgültigen Endes aller Lebensabschnitte immer bewusst.

Wir halten inne und fragen uns, was ist noch zu tun und was ist zu lassen. Wir verarbeiten und verdauen unser gelebtes Leben, um neue Ziele und Entwürfe zu formulieren und zu planen. Wir achten darauf, dass wir nicht verstopft sind mit unerledigten Geschäften und lähmenden Schuldzuweisungen. Wir versuchen, nicht mit dem Schicksal zu hadern und nicht immer wieder gegen dieselbe Mauer zu rennen. Wir machen den Weg frei für das, was auf uns zukommt. Wir machen uns frei für den Weg der Reifung, indem wir uns auf die neue Lebensphase einstellen und sie annehmen.

## VEREINFACHUNG

Weniger ist meistens mehr

*Werfen Sie Ballast ab, damit Sie Platz haben und leichter leben.*

Wenn wir angefangen haben unsere Dinge, die in Kopf und Körper genauso wie die in Küche und Keller, zu ordnen und in einen Gesamtzusammenhang zu bringen, werden wir feststellen, dass es von vielem einfach zu viel gibt. Unbenutzte Gegenstände stehen herum, aus Erinnerung oder für alle Fälle, und nehmen Platz weg. Nutzlose Gewohnheiten, die sich eingenistet haben, geistern durch den Tag.

Alles ist doppelt und dreifach vorhanden. Jeden Gedanken und jedes Gefühl sichern wir mehrmals ab. Alles kriegt Bedeutung durch mindestens zwei, oftmals gegensätzliche Deutungen.

Unsere große Furcht ist es, etwas nicht mitzubekommen oder zu verpassen, etwas nicht zu haben oder nicht zu können. Alles soll immer und überall vorhanden und möglich sein. Alles soll prinzipiell substituierbar sein, möglichst maschinell, möglichst automatisch und neuerdings möglichst virtuell.

Das „anything goes" hat uns in den Überfluss gestürzt. Die Dinge und Möglichkeiten fließen über. Sie fließen über uns, und das was uns ausmacht, droht im Ausguss zu verschwinden.

Auf weit mehr als 24 Kanälen plätschern 24 Stunden am Tag oft beliebig ausgewählte und oft entstellend verpackte Informationen an uns vorbei oder berieseln uns als lauwarme Unterhaltung, die uns ablenkt vom Kern des Geschehens und von der Essenz der Information. Mit dem Slogan „In 15 Minuten kann sich die Welt verändern“ werden wir fast schon drohend auf die nächsten allerneuesten Nachrichten hingetrimmt. Wir sollen immer alles von überall mitbekommen können.

Was aber soll unser Geist mit der unübersehbaren Flut von unsortierten Informationen aus allen Winkeln der Welt anfangen? Wie kann er die beigepackten Einflüsterungen noch erkennen, wie die Nebenwirkungen noch verarbeiten? Aus der Informationsfreiheit wird leicht eine Informationsverschmutzung, wenn wir nicht unsere Filter der Abgrenzung und bewussten Auswahl einbauen.

Uns droht der Überblick abhanden zu kommen vor lauter Angeboten, die uns verführerisch umgarnen als Ganzjahres-Gabentisch. Konsum auf allen Ebenen gerät zu anstrengender Arbeit und immer sitzt das Gefühl im Nacken, eine Chance nicht genützt oder am Leben nicht teilgenommen zu haben.

Obst und Gemüse zu jeder Jahreszeit und aus allen Winkeln der Welt, wöchentliche Dumpingangebote für Haushalt und Freizeit beim Bäcker, gedruckte und bewegte Bilder zu allen erdenklichen Fakten und Phantasien in nicht endenwollender Flut, Wohlfühl- und Seelenkurse zu allen Ungereimtheiten des Lebens in den Gesundheitsfabriken und auf den Guru-Basaren.

Totale Verfügbarkeit, Zugriff jederzeit möglich. Auf den elektronischen Marktplätzen ist rund um die Uhr verkaufsoffener Samstag und wir taumeln durch die Sonderangebote. Die Welt als Selbstbedienungsladen, den Alltag gibts als Schnäppchen und das Internet wird unser Lebensguide.

„Alles da! Alles günstig!“ Scheinbar kriegen wir die Welt und alles, was wir uns wünschen und was wir brauchen von unserem Planeten „zum halben Preis“, aber wir zahlen letztendlich immer den vollen.

Es geht hier nicht darum, zur Natur zurückzukehren oder den Untergang des „alten Europas“ zu bedauern. Es geht nicht um Fortschrittsfeindlichkeit und globales Entflechten oder Zusammenwachsen. Es geht nicht um die Freiheit der Wahl, aber es geht um die Folgen der freien Wahl.

Die Folgen des Überflusses machen uns das Leben schwer. Unsere Sinne werden überflutet, unser Denken wird verwirrt und unser Handeln kompliziert sich zusehends. Das Gefühl, reif für die Insel zu sein oder der Wunsch, nur mit Rucksack zu verreisen, der in fast jedem von uns schlummert und sich ab und an meldet, was von der Werbung dankbar aufgegriffen wird, sind natürlicher Ausdruck unserer inneren und äußeren Überfrachtung und unserer Sehnsucht nach dem einfachen Leben.

Wir sollten nur soviel essen, wie wir verdauen können. Wir sollten nur soviel Reize aufnehmen, wie wir verarbeiten können. Wir sollten uns nur soviel vornehmen, wie wir schaffen können. Wir sollten nur soviel sein wollen, wie wir verkörpern können. Wir sollten nur soviel wollen, wie wir verantworten können.

Die Versuchung ist – manche meinen, es sei eine Herausforderung –, dass wir mehr essen und uns vornehmen, als wir sollten und es uns und den anderen Menschen gut tut. Tatsächlich schaffen wir das auch oft.

Es ist nicht so, dass wir mit dieser Situation des Überflusses und der Verwirrung gar nicht zurecht kämen. Der Mensch ist enorm anpassungsfähig, als einzelner wie als Art. Unsere Grenzen sind flexibel und veränderbar.

Vielleicht ist der Zeitpunkt gekommen, die geistigen Kräfte mehr zu aktivieren, nachdem die materiellen sich nahezu deterministisch zu verselbständigen drohen. Auch wenn der Geist nicht so frei und unabhängig ist, wie er es gerne möchte, so birgt er doch ein Potenzial, das nicht genutzt ist. Seine Schulung und seine Handhabung könnte uns vieles klarer sehen und Entwicklungen beeinflussen lassen, deren Verlauf uns ganz persönlich bewusster und glücklicher machen würde.

Der Weg unserer inneren Reifung vollzieht sich durch Stabilisierung und Wandlung unserer geistigen Kräfte und Strukturen. Vielleicht ist es das, was die Evolution mit uns vorhat, wenn sie überhaupt etwas vorhat. Sie will unser Potenzial weiter austesten, um uns zu ganz neuen Anpassungsleistungen vordringen zu lassen.

Immer mehr Menschen allerdings verlieren sich in der Illusion, dass die Erde ihnen untertan, sie die Krone der Schöpfung und das Leben auch unter den Wolken grenzenlos sei.

Um herauszufinden, welche Grenzen gut und welche eingebildet sind, um die Dinge, die wir sehen, auch zu erkennen und unterscheiden zu können, was richtig und was falsch ist, was welche Folgen hat, was wir wollen und was nicht, ist es nötig, uns und unser Umfeld zu vereinfachen.

Wir reduzieren und verzichten, wir entrümpeln und ordnen neu, wir befreien uns von unseren komplizierten Gedankenkonstruktionen und Deutungsgebilden. Wir versuchen, nicht mehr an Gewohnheiten und Verhaltensmustern zu kleben. Wir versuchen, die Dinge ganz einfach zu sehen, so, wie sie sind, und wir versuchen, nicht zu viel Dinge auf einmal zu sehen.

Das bedeutet, dass wir uns auch mit einfachen Dingen zufrieden geben. Auch einfache Abläufe und Ereignisse wecken unser Interesse und inspirieren uns. Wir können die Dinge, die im Grunde alle einfach sind, in ihrer Einfachheit belassen und müssen sie nicht mit Bedeutung befrachten oder durch Beiwerk überhöhen.

Das bedeutet auch, dass wir auf Steigerung, Vermehrung, Optimierung immer wieder verzichten können.

Unser Ziel ist es eher, die Dinge ihres Scheins zu entkleiden, sie zu vereinfachen und zu ihrem Kern vorzudringen. Wir sind eher für Qualität als für Quantität aufgeschlossen. Im Vordergrund steht eher das Sein als das Haben. Konsum kann nicht Lebenszweck sein. Wir müssen nicht alles haben, was glitzert. Auch wenn ich *nicht* kaufe, bin ich.

Trotz nötiger und vorteilhafter Vernetzungen nehmen Sie sich ab und an aus dem Netz, machen sich unerreichbar und lassen nichts mehr an sich heran. Sie schalten alle aktiven und passiven Kommunikationshilfen und Informationsvermittler einfach aus. Um sich selbst überhaupt noch hören, verstehen und orientieren zu können, brauchen Sie weniger mediale Kontakte und dafür mehr Kontakte zu sich selbst.

Vereinfachung ist ein Vorgang, der es uns leichter macht, mit den Dingen umzugehen und uns dem Fluss des Lebens anzupassen. Die angenehme Leichtigkeit des Seins entsteht, wenn es uns gelingt, Ballast abzuwerfen und Raum zu gewinnen. Dann können wir besser agieren und sind nicht mehr Gefangene unserer selbst geschaffenen und gesammelten Zu-, Um- und Gegenstände. Wir können freier agieren und müssen weniger *reagieren* auf Überhastung, Überfüllung und Überforderung.

Den Nutzen der Vereinfachung können Sie sich ganz plastisch und praktisch vorstellen. Ein Raum Ihrer Wohnung ist vollgestopft mit kleinen und großen Dingen. Sie können sich schlecht in ihm bewegen und den Platz nicht nutzen. Etliches steht im Wege und etliches geht verloren. Trotz oder gerade wegen ihrer Vertrautheit und ihrer emotionalen Deutungen, die oft in bleierner Bedeutung erstarren, sind die Dinge und deren Anordnung ein steter Quell des Ärgers. Zudem sind manche völlig überflüssig, ohne praktischen oder symbolischen Nutzen. Sie haben sie schon lange nicht mehr in den Händen gehabt und auch ihren Anblick registrieren Sie nicht mehr. Sie sind leb- und seelenlos geworden. Sie stehen nur herum und versperren Ihren Blick für das, was dahinter ist.

Genauso verhält es sich mit den Dingen in Ihrem Kopf, die sich dort seit langer Zeit eingenistet haben. Ihre Speicher werden langsam immer voller. Querverbindungen und Konstruktionen sind entstanden, die ein munteres Eigenleben führen und das Wesen der Dinge verdecken oder verzerren.

Nun stellen Sie sich vor, Raum und Kopf sind wesentlich leerer. Die Dinge und Gedanken, die Sie brauchen und die Ihnen angenehm sind, befinden sich wohl verteilt an übersichtlichen Orten. Die restlichen haben Sie sachgemäß woanders untergebracht oder entsorgt. Entstanden sind Platz, Raum und Weite und ein Gefühl von Übersicht und Beweglichkeit.

Vielleicht empfinden Sie auch Leere, die Sie schrecken mag und die Ihnen die Räumungsaktion so schwer gemacht hat. Die Angst vor zuviel Raum und zuviel Weite mag manche daran hindern, Platz zu schaffen. Es droht das Nichts oder anders ausgedrückt: Vieles ist möglich. Wenig ist noch da, an dem Sie sich in vertrauter Weise festhalten können. Den Gewohnheiten, in denen Sie gewohnt haben, haben Sie Struktur und Bedeutung genommen.

Nun steht Ihnen vieles (wieder) offen. Sie werden neugieriger und aufnahmefähiger. Keine Last alter Lasten drückt sie. Das Gefühl von Leichtigkeit und Offenheit rückt in den Vordergrund. Das, was noch da ist, kennen Sie jetzt besser und es hat lebendige aktuelle Bedeutung. Das, was kommen wird, kann wirklich kommen und muss nicht wegen Überfüllung abgewiesen werden und weiterziehen. Sie können mit dem Neuen Kontakt herstellen, in Berührung kommen, sich berühren lassen und es in sich aufnehmen, wenn Sie wollen.

Vereinfachung ist kein fester Zustand, den wir irgendwann und irgendwie erreicht haben und der dann einfach von selbst da ist und bleibt. Vereinfachung ist ein steter Prozess, eine kontinuierliche Weiterentwicklung, die immer wieder Neues aufnimmt, verarbeitet, verdaut, ordnet, auf das Wesentliche reduziert und das Unwesentliche wieder abgibt.

Was kann diesen Prozess erschweren oder verhindern? Sicher der immer wieder aufschießende Impuls des „Haben Wollens“, der, neben seinen gierigen Anteilen, auch die Unsicherheit und „Fragwürdigkeit“ des „Nur so Seins“ verdecken und verdinglichen soll. Dazu kommt das verständliche Bemühen unseres Geistes, die Dinge und das Leben konstant halten zu wollen. Was einmal funktioniert hat oder was wir einmal als richtig eingestuft haben, soll möglichst für immer gelten. Aus der Sicht eines vordergründig um Überleben und Effektivität bemühten „Ich“ ist auch dieser Vorgang eine Vereinfachung. Wie wir jedoch erleben können, ist diese Art Vereinfachung meist eine Sackgasse, da sie „Anhaften“ und „Nicht loslassen können“ nach sich zieht und angesichts der Komplexität der äußeren wie der inneren Welt unseren Möglichkeiten und unserer Reifung nicht gerecht wird.

Vereinfachung sollte, wenn es die Situation nicht verlangt, keine mechanistische Reduktion sein, um Lebendigkeit zu substituieren und Plötzlichkeit zu eliminieren. Falsche Vereinfachung, zu der auch digitale „Lebensräume" gehören können, verhindert das authentische, gespürte und erlittene Ganze.

Statt mit und durch Geräte Kontakt herzustellen, ist es, zwar nicht einfacher, aber vereinfachender mit und durch Gefühle Begegnung zu *spüren*. Genauso ist es einfacher, aber im Sinne des inneren Wachstums nicht vereinfachender, sich durch Gewohnheiten bestimmen zu lassen, als durch die wirkliche Nutzung unseres Geistes.

Vereinfachung wäre gar nicht so sehr nötig, wenn wir nicht dazu tendieren würden, unser Leben zu überladen und zu komplizieren. Wenn wir von vorneherein von allem nur wenig nehmen würden und weniger Phantasien unseres Geistes Raum geben würden und sie Wirklichkeit werden lassen wollen, hätten wir wahrscheinlich mehr vom Leben. Es käme seltener zu Staus und Verstopfungen. Alles könnte besser und ungehinderter fließen und wir hätten nicht so oft das Gefühl, dieses oder jenes sei zuviel.

Statt von etwas stets zu viel zu wollen, was ein Zuwenig auf anderen Gebieten nach sich zieht, gilt es, Ausgeglichenheit zu finden. Ein ausbalanciertes und positiv empfundenes Mittelmaß kann den Verlust der Mitte verhindern.

In der Tat kann weniger mehr bedeuten. Mehr auch deswegen, weil uns in klaren und einfachen Strukturen deutlicher und bewusster wird, an was es uns wirklich mangelt und wovon es zu wenig gibt. Dann brauchen wir nicht hinter Ersatzlösungen herzujagen oder kraftraubende Verdrängungs- und Vermeidungsspiele zu betreiben, die die Kompliziertheit unseres Alltages noch ankurbeln. Das Weniger erst lässt uns erkennen, wo wirklich wenig ist.

Die „anything goes"-Mentalität, die uns so oft uns selbst verfehlen und nicht erkennen lässt, hat auch auf breiter Front von unserem Altern Besitz ergriffen. Motivationseinpeitscher und diktatorische Optimisten haben den Jugendkult auf ihr Banner geschrieben und gewaltige Gebäude errichtet, deren hohler Inhalt uns nicht sofort auffällt und auf deren Lockungen zu verzichten uns nicht ganz einfach fällt. Ist jedoch der erste Stein aus dem „anti-aging“-Bollwerk mit seinen verästelten Vermarktungsstrategien erst einmal herausgebrochen, so stürzt das ganze komplizierte und künstliche Gebilde bald ein.

Übrig bleibt „aging“ als möglichst selbstbestimmter natürlicher Prozess der Reifung und des Alterns. *Wie* wir älter und alt werden, versuchen wir selbst herauszufinden und wir versuchen, einen möglichst einfachen Weg einzuschlagen.

In gewisser Weise ist Altern eine natürliche Reduktion, ein Zurückführen auf das Wesentliche durch Verringerung der Möglichkeiten und Durchdringung des Erfahrenen. Dem sollten wir nicht im Wege stehen.

Wir suchen nicht für jede Befindlichkeit, jede Veränderung und jede Irritation das passende Produkt oder die permanente Dienstleistung, sondern verzichten bewusst, aus Einsicht und als Übung. Das fordert und fördert unsere Kreativität und lässt uns neue und eigene Wege finden, ohne dass uns vor lauter Mitteln und Methoden unser Ziel abhanden kommt.

Wir arbeiten erst einmal mit uns und entdecken ungeahnte Ressourcen. Wir erhalten und pflegen die Selbständigkeit und Gesundheit von Geist und Körper mit unserem Geist und Körper, so gut wir es können.

Die Vereinfachung auf unserem Reifungsweg besteht darin, dass wir uns alle Überlegungen und Maßnahmen sparen können, die vorgeben, das Altern stoppen oder gar umkehren zu können. Wir akzeptieren unser Werden und Vergehen und betrachten es wohlwollend und neugierig. Wo wir etwas zu einer gesunden und aktiven Lebensführung beitragen können, tun wir es. Wir üben unseren Geist und unseren Körper auf spürbewusste und sanfte Weise ohne Leistungsdruck. Wir vermeiden und bearbeiten organisatorischen und emotionalen Stress. Wir achten auf gute Ernährung und alltägliche Bewegung ohne uns in Programme zu zwängen. Wir kultivieren eine Einstellung, die uns fröhlich älter werden lässt.

Wir vereinfachen unser Leben ganz einfach und reduzieren unseren Umsatz in jeder Hinsicht. Dann erst spüren wir uns richtig. Wenn wir uns sparen, haben wir später mehr von uns.

Bezeichnenderweise scheint der Verzicht auf kalorienreiche Nahrung und überhaupt das Ertragen von reduzierter Nahrungsaufnahme Teil eines möglichen und natürlichen Weges zu sein, die natürliche Alterung zu verzögern.

Der Königsweg der *inneren* Vereinfachung ist die Meditation. Sie hilft uns, unsere oft undurchschaubaren Konstruktionen aufzulösen und unser Sein und unser Gewahrsein zu beschränken auf das, was ist. Sie lässt uns in innerer und äußerer Stille zur Ruhe kommen ohne Konzepte und ohne Diskurse. Sie vertreibt unsere Illusionen, vor allem die von der Gleichzeitigkeit des prinzipiell Ungleichzeitigen, und stützt unsere Ganzheit und Einheit. Meditation ist ein einfacher anspruchsloser Begleiter auf unserem Lebensweg, der uns Einfachheit lehrt und Zuversicht und Klarheit gewinnen lässt.

Erst wenn Sie sich richtig zulassen, wird deutlicher werden, wer und wie Sie sind, welche Rollen Sie spielen und wie Sie sich inszenieren auf Ihren verschiedenen Lebensbühnen. Sie können Ihr Lebensknäuel entwirren und zurückverfolgen und wie in einer Rettungsaktion für Eingeschlossene zu sich vordringen und sich finden. Wenn Sie sich von all dem befreien, was im Leben unwesentlich ist, wird ein zufriedenes Altern möglich sein. Vereinfachung ist ganz einfach, wenn Sie einfach vorgehen.

Sie werden überrascht sein, wie viele Möglichkeiten und Weisheiten in Ihnen schlummern. Sie können erst einmal aus sich schöpfen, bevor Sie die unendlich vielen Angebote der Welt prüfen und gezielt die heraussuchen, die auf vernünftige nahe liegende Weise für Sie erreichbar sind, die Sie brauchen und die Ihnen nützen werden.

Nicht alles ist immer und überall, sondern manches ist manchmal irgendwo.

## ENTSCHLEUNIGUNG

Zeit ist niemals Geld
und Geld hat niemals Zeit

*Wenn Sie die Langsamkeit entdecken, finden Sie Ihr Tempo.*

Die Sache mit der Geschwindigkeit und der Beschleunigung ist nicht neu und den meisten von uns ziemlich klar. Die Erde dreht sich einfach zu schnell und wir drehen uns mit – auch zu schnell. Dass alles immer noch schneller wird, haben wir auch schon bemerkt, z.B. wenn wir gerade eine technische Neuerung verstanden haben und uns vorsichtig zu ihrer Nutzung vortasten, um dann zu erfahren, dass dieses System nunmehr veraltet sei und nur noch die neue Gerätegeneration Sinn mache.

So richtig klar gemacht haben wir uns den Faktor Beschleunigung und welche Rolle er mit allen seinen Konsequenzen in unserem Alltag spielt, noch nicht. Selbst wenn wir meinen, „durchzublicken", kann es eine entschleunigende Übung sein, bei diesem flüchtigen Thema zu bleiben und sich die ungeheuere Geschwindigkeit vieler technischer und organisatorischer Abläufe zu vergegenwärtigen.

Oft sitzen wir – mittlerweile tun es nahezu alle – vor unseren Bildschirmen, suchend oder spielend, sendend oder schreibend, und trommeln ungeduldig mit den Fingern, wenn die Suchmaschine länger als ein paar Sekunden braucht oder eine Seite sich nicht gleich öffnet. Vor ganz, ganz kurzer Zeit haben wir noch ganz anders und in einem ganz anderen Tempo gearbeitet und recherchiert, uns amüsiert und kommuniziert. Ist uns wirklich klar, in welcher unglaublichen Geschwindigkeit Arbeits- und Ordnungsvorgänge, Verbindungen und Entscheidungen heute stattfinden und dass sich Kapazitäten und Übertragungen immer weiter steigern und immer schneller werden?

Die digitale Technik ist eine große Verführung. Sie verführt uns zu der Annahme, dass die laut- und reibungslose Geschwindigkeit um uns herum und ihre stetige Vermehrung auch *unsere* Geschwindigkeit sein könnte. Wir erliegen leicht der Versuchung, auch uns selbst zu beschleunigen und immer mehr beschleunigen zu wollen. Vorgänge in und mit uns sollen genauso schnell stattfinden wie maschinelle oder virtuelle, und dabei genauso zuverlässig und genauso kontinuierlich.

Doch nicht annähernd so schnell können wir mit unserem Organismus als Ganzes funktionieren. In synaptischen Abschnitten und sensorischen Reflexen mögen wir schnell sein, aber nicht in den ganzheitlichen Anpassungen und Verarbeitungen, und schon gar nicht können wir in unserem Leben immerzu beschleunigen.

Wir können uns zwar spezialisieren auf bestimmte Abläufe und uns zu Hochleistungsmaschinen pushen, aber die Tempi des Lebendigen und die der uns gebärenden und versorgenden Natur bleiben gleich. Teile von uns können davoneilen und versuchen, mit den künstlichen Geschwindigkeiten Schritt zu halten, aber als Ganzes sind wir an das uns eingeschriebene Tempo gebunden. Wir mögen Ausreißversuche machen und eine hohe Drehzahl lange durchhalten, wir mögen in Kombination mit technischen Hilfsmitteln ungeahnt schnell werden mit Körper und Geist, aber unser Leben wird nicht schneller vergehen und es wird auch nicht länger dauern.

Überhöhte Geschwindigkeit können wir uns leisten, aber ihre Folgen werden uns einholen. Wir übersehen eifrig die vielen „Strafzettel“, die wir bekommen, aber sie erreichen uns doch. So schnell können wir nicht werden, dass wir das Echo unseres Tuns nicht mehr vernehmen.

Wir sind und bleiben zeitliche Wesen, die, wie alles in der Natur, in Rhythmen existieren und sich verändern, werden und vergehen, wachen und schlafen, ein- und ausatmen, anspannen und entspannen.

Auf den Sommer folgt der Herbst, auf die Saat die Ernte und auf zu viel Regen die Flut. Die Eigendynamik der Natur bleibt bestehen. Die Illusion von der Beherrschbarkeit der „Zeit" bleibt Illusion trotz aller „Zeit-Management"-Seminare. Sogar die Verlangsamung ändert daran nichts, auch wenn sie eine rhythmisierende Hilfe sein kann, um den Überblick zu behalten und im Strudel der Stechuhren und aller ihrer sublimen Spielarten nicht unterzugehen.

Nach wie vor organisieren uns unsere Biorhythmen, die wir in einen 24 Stunden-Takt zwängen, der uns und unser Tun überall auf der Welt normiert. Jeden Tag und jede Nacht verkürzt sich unsere Lebenszeit und obwohl das Ende unseres Sonnensystems absehbar ist, ist auch dieses Vergehen und Verglühen nur ein Rhythmus in einer größeren Einheit.

Worauf es ankommt ist, den Wechsel zwischen natürlichen und künstlichen Rhythmen angemessen zu vollziehen und deren Unterschiede zu verstehen.

Die Frage bleibt offen, ob wir wirklich wissen, was wir tun, wenn wir durchs Leben hetzen. Muten wir uns nicht zu viel zu, wenn wir mit allen Entwicklungen und allen Beschleunigungen mithalten wollen? Müssen wir alles gesehen haben, jeden kennen, alles lesen und überall dabei sein?

Wir müssen dem Diktat der Tempomacher nicht folgen. Wir brauchen keine Rekorde zu leben, um das Leben in Bestzeit zu gewinnen. Dafür kriegen wir keinerlei Medaillen.

Die größte Illusion, die wir uns vorgaukeln, um einigermaßen mitzukommen mit dem neuen Tempo der Welt, ist die der Gleichzeitigkeit. Wenn wir die „Zeit" schon nicht „verlängern" können und auch nicht schneller werden in unserem Wahrnehmen und Verarbeiten, unserem Entscheiden und Ausführen, dann verdichten wir sie eben. Wir verdoppeln und verdreifachen sie.

Genauer gesagt: wir verdoppeln und vervielfachen *uns*, indem wir zwei oder mehr Dinge gleichzeitig machen. So kommen wir zu ziemlich viel Erledigungen im Laufe des Tages und glauben, dass Wachstum und Beschleunigung für uns nur noch durch Gleichzeitigkeit möglich seien. Wir fürchten, dass wir als alte Jäger und Sammler sonst völlig den Anschluss verlieren würden an Maschinen und Chips. Diese Art der Anpassung geht jedoch vorerst mit folgenreichen physischen und psychischen Verrenkungen einher.

Als lebendige Organismen auf bestimmte Grundbedingungen festgelegt, gilt für uns das Nacheinander. Mit Konzentration und bewusst können wir uns immer nur einer Sache widmen. Alle anderen Ereignisse laufen für uns nur nebenher bzw. im Hintergrund. Wir haben den Umgang mit ihnen automatisiert oder halten für sie nur eine geringfügige Restaufmerksamkeit bereit. Ein gleichberechtigtes Nebeneinander kann es in unserem Bewusstsein nicht geben. Wollen wir Handlungen bewusst durchführen, so gilt immer noch: eins nach dem anderen.

Tatsächlich aber machen wir vieles gleichzeitig. Wir öffnen und aktivieren einen „Ordner" und noch einen und noch einen und immer mehr und wundern uns vor lauter Hin- und Herzappen, wenn wir uns verzetteln und Zappelsymptome entwickeln.

Um die Unmöglichkeit des bewussten Nebeneinander und die Illusion der Gleichzeitigkeit zu entdecken, versuchen Sie einmal, bei bestimmten Nachrichtensendern im Fernsehen die verschiedenartigen, aber gleichzeitig dargebotenen Informationen aus Bild, Einblendungen, Originalton, gesprochenem Kommentar und mehreren fortlaufenden Textbändern gleichzeitig wahrzunehmen und zu verarbeiten.

Der beste Weg, allen Tempodiktaten, Beschleunigungen und Gleichzeitigkeiten zu entkommen, ist es, die grundlegenden und naturgegebenen Rhythmen der Lebendigkeit anzuerkennen und *mit* ihnen und nicht gegen sie zu schwingen. Unsere inneren Uhren gehen von alleine und wir können ihnen vertrauen und uns nach ihnen richten.

Ihre feinen, leisen Signale und Taktgeber zu hören, fällt uns umso schwerer, je hektischer und gleichzeitiger wir unterwegs sind. Darum tun uns kontinuierliche und verlässliche Rhythmen wie Mahl- und Schlafzeiten oder tägliche Bewegungsrituale gut. Nicht weil sie uns als Maschine noch besser ölen sollen, sondern weil unser Organismus sie braucht und in seiner Entwicklung und seinem gesunden Funktionieren auf sie aufgebaut ist. Rhythmus ist nicht nur die Seele der Musik, sondern auch die Seele unseres Seins.

Wenn wir geborgen und gegründet sind in den großen Rhythmen des Lebens, die uns eingeschrieben sind, können wir freier unsere kleinen und flexiblen Rhythmen gestalten. Wir können unser Gefühl wieder dafür erwecken, wann welche Geschwindigkeit zu uns passt, wann eine Pause gut tut, wann wir zu einer Hochleistung fähig sind, wie wir unsere Geschwindigkeiten variieren wollen und welche Voraussetzungen für welche Geschwindigkeit nötig sind.

Wir können auch den positiven Effekt entdecken, der durch den rhythmischen Wechsel der Art unserer Handlungen entsteht, indem wir zum Beispiel kreatives Denken mit ordnendem abwechseln, sich selbst belohnende Tätigkeiten mit solchen, die eines starken Antriebes bedürfen oder körperliche mit geistiger Arbeit.

Voraussetzung für solche rhythmischen Reihenfolgen und Tempowechsel ist ein gutes „Nach-innen-Spüren", Experimentierfreude und Freiräume, die wir uns schaffen können, auch wenn wir stark eingebunden sind in vorbestimmte und fremdgesteuerte Abläufe.

Trotz aller ernsthaften Bemühungen, unser eigenes Tempo zu finden, werden wir immer wieder im Sog der Zeitökonomie das Gespür für unser ganz persönliches Zeitgefühl verlieren.

Da ist es hilfreich und nötig, die Stopptaste zu drücken und Inseln der Ruhe einzurichten. Wir unterbrechen ganz bewusst, ganz stur, aber letztendlich rhythmisch unsere tägliche Selbstbeschleunigung und schaffen Momente des Innehaltens und Besinnens. Wir schaffen uns „Zeitpolster" gegen den Stress und werden uns klar, dass wir die „Zeit" nicht dehnen oder quetschen können. Wir können nur festlegen, was uns wichtig und was uns weniger wichtig ist und bei der Abfolge unseres Handelns auf eine gewisse Ordnung achten, wenn wir vieles erledigen wollen.

Wir verlangsamen und verschaffen unserem von Unrast und Unruhe getriebenen Organismus Pausen, in denen wir Körper und Geist regenerieren lassen. Dabei kommt es darauf an, diesen Müßiggang nicht wieder zu einem zeitlich straff organisierten Pausenplan werden zu lassen, in dem wir von einer Entspannung zur nächsten rasen. Vielmehr versuchen wir, den Druck raus zu nehmen und nehmen uns weniger vor.

Verlangsamen heißt immer auch verzichten auf vermeintlich wichtige Ziele und Wünsche. Was sich nach einer Weile des Umdenkens verändern wird, ist unsere Zielsetzung. Wir lernen, ein geruhsameres Tempo zu schätzen und können leichter ablassen von unseren zum Bersten gefüllten Terminplänen, in denen alles mögliche auftaucht, nur nicht wir selbst. Manche meinen, sich durch Termine ihrer „Existenz", ihrer Bedeutung und ihrer sozialen Eingebundenheit sicherer sein zu können und vergessen dabei, Termine für sich selbst einzurichten.

Erst wenn Entschleunigung sich wirklich und täglich in unsere Planungen eingenistet hat und wir Langsamkeit tatsächlich praktizieren, können wir der zermürbenden Hochleistungsgesellschaft etwas entgegensetzen.

Mit Fitness- und Wellnessprogrammen zugebaute Pausen sind dann keine Trainings mehr für den nächsten „Wettbewerb", sondern können das werden, was sie sein sollen: Unterbrüche, Leerräume, Besinnung, Selbstfindung.

Nicht mehr Effektivität und Produktivität sind gefragt, sondern reines „Sosein". Erst so erfüllen und bedingen sich Anspannung und Entspannung in stetem Wechsel.

Pausen sind natürlicher Bestandteil des Lebensrhythmus und ein probates Mittel gegen Hektik und sich verselbständigende Beschleunigung. Oft gibt die Situation den Rhythmus vor und wir brauchen uns ihr nur anzupassen. Natürliche oder zufällige Pausen ergeben sich immer im Laufe des Tages und die sollten wir nutzen und nicht voll stopfen mit neuen Belastungen und Beschleunigungen. Wir „tanzen" eher mit der Situation, als dass wir ihr ein Diktat der „Zeit" aufzwängen.

Das verlangt Geduld und die Bereitschaft, das „Nichts" auszuhalten. Eine wirkliche und wirksame Pause ist erst einmal Leere und Offenheit und nicht ein weiteres festgelegtes Programm. Die Dinge können sich setzen in uns oder deutlichere Konturen annehmen. Wir können uns in Ruhe mit etwas befassen, etwas verdauen, etwas wiederkäuen und uns neu besinnen. Wir können unseren Atem länger werden lassen und langatmig etwas durchdringen. Wir brauchen nicht, weil wir in Eile sind, kurzatmig zu werden oder uns drängen zu lassen.

Die lange Weile, die dabei entsteht, sollten wir nicht als etwas Unangenehmes deuten, das wir vertreiben müssten, sondern als eine Phase der Regeneration und der produktiven Emotion, deren natürliches Kennzeichen es ist, dass sie uns zuweilen langweilig vorkommt.

Kurzweil hat etwas mit Ablenkung und sich „die Zeit vertreiben" zu tun. Alles soll nur eine kurze Weile dauern und sich nicht vertiefen und wirken. Das entspricht den hektischen Rhythmen und Schnittfolgen moderner Medienästhetik, in der wir immer wieder aufs Neue gereizt werden, aber nicht richtig spüren und verstehen, nirgendwo richtig ankommen und nicht zur Ruhe kommen sollen. Genauso entwickeln sich Teile der Kommunikation zum Austausch schneller Halbsätze rund um den Globus. Totale Erreichbarkeit ist oberstes Gebot, nicht mehr die selbstreflexive Durchdringung von Themen und Inhalten. Das Medium reicht als Botschaft. Briefe zu schreiben, was innehalten und damit Verlangsamung bedeutet, ist aus der Mode gekommen.

Hintergrund der Jagd nach Kurzweil scheint die Unfähigkeit oder der Widerwille zu sein, „Zeit" auszuhalten und im Jetzt zu verweilen. Lieber wollen wir die „Zeit" totschlagen. Es sieht so aus, als ob für die meisten von uns die quälend unverständliche

Vorstellung der Unendlichkeit durch Geschwindigkeit und Beschleunigung irgendwie greifbarer würde, als ob die „Zeit“ dann doch nicht „so lang“ wäre.

Ein langes Jetzt, und das entsteht, wenn wir Langeweile und Leere zulassen, wirkt erschreckend für uns. Genauso verstört uns natürlich die verständlich unverständliche Endlichkeit unseres Lebens und wir neigen dazu, dem Moment zu enteilen, in der Sorge etwas anderes zu verpassen. Dabei können wir doch, wenn wir ganz im Jetzt verweilen, die Verschmelzung aller „Zeiten“, die zeitlose „Gleichzeitigkeit“ von Vergangenheit, Gegenwart und Zukunft erfahren, und Unendlichkeit ebenso wie Endlichkeit werden ihre Schrecken genommen.

Wie wäre es, wenn Sie *jetzt* einmal innehalten, sich einen ruhigen Ort suchen und gar nichts machen, außer dass Sie das achtsam beobachten, was ohnehin in Ihnen passiert, wie etwa der Fluss Ihres Atems, ein Kribbeln in Ihrer Hand, das Aufsteigen eines angenehmen oder auch unangenehmen Gefühls oder das Durchziehen eines Gedankens. Vielleicht konzentrieren Sie sich auch einfach auf einen bestimmten Körperteil oder eine bestimmte Wahrnehmung. Auf jeden Fall unterbrechen Sie ganz bewusst Ihren mechanischen Tages- und Reaktionsablauf und versuchen, zu sich selbst zu finden, fern aller Funktionen und ökonomischen Normierungen. Gefällt Ihnen diese Idee oder wehren Sie sie ab? Welcher Art sind Ihre Widerstände und wie arbeiten diese?

Was uns oft an der eigenen Geschwindigkeitsbeschränkung hindert, ist eine Sammlung und ein Zusammenspiel von vielen verschiedenen inneren Geboten und Vermeidungsstrategien, deren Kernaussagen in einem „Du musst“ oder „Du sollst“ und „weiter weiter, sonst...“ bestehen. Wirklich inne zu halten bei all den Überholvorgängen um uns herum, ist schwierig. Die Gefahr ist groß, dass wir es verlernen oder schon verlernt haben. Als „global player“ glauben wir, immer unterwegs sein zu müssen und sei es nur virtuell. Wir sind mehr auf der Durchreise als in uns zu Hause. Dass die „Zeit“ zum Verweilen schön sein kann, erfahren wir nicht.

Statt des von uns erhofften und von vielen versprochenen „Anti-Aging“ betreiben wir paradoxerweise eine Art „Turbo-Aging“. Wir beschleunigen verschiedene Prozesse, z.B. durch pausenlose Überforderung unser Altern, weil wir nicht mehr regenerieren. Wie bei den künstlich beschleunigten „Turboschweinen“ oder „Turbotomaten“ wird ein Teil unseres Wachsens, meist unfreiwillig, beschleunigt und der Gehalt bleibt auf der Strecke. Das Gleichgewicht der Kräfte und die Harmonie des Ganzen werden genauso beeinflusst wie die sich selbst regulierende Widerstandskraft gegen gefährdende Einflüsse.

Mit dem Turbo-Diesel fährt unser „Automobil“ zwar schneller, aber deswegen denken und verdauen wir nicht schneller. Unser Organismus kann als Ganzes mit der Turbomentalität nicht Schritt halten. Unser inneres Reifen kann diesem Tempo nicht mehr folgen. Etwas bricht auseinander und unsere Einheit geht verloren. Die wollen wir mit fremden Mächten und künstlichen Mitteln wieder herstellen und befördern dabei doch nur das Auseinanderstreben unserer Anteile und ein ungleiches und uneinheitliches Altern und Reifen.

„Turbo-Aging“, gewollt oder ungewollt, ist genauso denaturiert wie „Anti-Aging“ und der Gegenpol in einer Zeitmaschine, in der Teile des ganzheitlichen Wachstums- und Reifungsprozesses manipuliert werden. Die Folgen dieser Eingriffe sind vielfältig und teilweise unbekannt. Was uns als Individuum betrifft, können und müssen wir uns überlegen, wie wir mit den ver-rückten und ver-kehrten „Teilchenbeschleunigern“ und ihren eingebauten Zerreißproben umgehen wollen. Die Geschwindigkeiten wirbeln durcheinander, meist geht alles zu schnell und wir laufen Gefahr, der Illusion zu verfallen, dass wir Zeit „haben“ oder „machen“ oder gar „kaufen“ könnten.

Langsamkeit wie auch Schnelligkeit sind Phänomene ohne messbare Aussage. Erst durch das gedachte Bezugssystem „Zeit“ bekommen sie ihren Sinn. Dieser konstruierten „Zeit“ haben wir uns nahezu vollständig unterworfen. Doch es bleiben uns noch Möglichkeiten der unabhängigen Eigeninitiative und der Gegensteuerung gegen Zeittrends. Statt Schnelligkeit und Beschleunigung können wir Langsamkeit und Entschleunigung fördern.

„So stoppen Sie die Altersuhr" oder „Stellen Sie Ihre Altersuhr auf Anti-Aging ein" lauten die Slogans der ewig jungen Propheten. Das klingt verlockend, aber es ist absurd. Wir können die Uhren nicht zurückdrehen. Zum einen, weil wir sie, trotz aller Erfolgsprognosen, immer noch nicht erfunden haben und zum anderen, weil Wachstum und Reifung immer nur in eine Richtung erfolgen können.

Was wir können, ist mehr im Moment verweilen und den Augenblick mehr genießen. Wir schalten den Turbo aus und unsere Sinne und unseren Geist ein. Dadurch haben wir mehr vom Leben, weil wir es bewusster leben. Wir können unsere Möglichkeiten kennen lernen und ausschöpfen und uns verwirklichen, auch weil wir den Wandel und Verfall alles Lebendigen akzeptieren.

Indem wir den Moment verlangsamen, „verlängern" wir ihn. Wir finden *unser* Tempo und hecheln nicht hinter dem Tempo der Welt her.

Ob wir dadurch länger leben, wissen wir nicht, aber wir können leichter und erfüllter leben.

# DIE ÖFFNUNG DES HERZENS

*Das Bedürfnis der Jugend ist:
sich selbst ernst nehmen zu können.
Das Bedürfnis des Alters ist:
sich selber opfern zu können, weil
über ihm etwas steht, was es ernst
nimmt. Ein geistiges Leben muss
zwischen diesen beiden Polen ablaufen und spielen. Denn Aufgabe,
Sehnsucht und Pflicht der Jugend
ist das Werden, Aufgabe des reifen
Menschen ist das sich Weggeben
oder, wie die deutschen Mystiker es
einst nannten, das „Entwerden".
Man muss erst ein voller Mensch,
eine wirkliche Persönlichkeit geworden sein und die Leiden dieser
Individuation erlitten haben, ehe
man das Opfer dieser Persönlichkeit
bringen kann.*

Hermann Hesse

## HUMOR

... ist, wenn Sie trotzdem lachen

*Sie lernen mit Widersprüchen zu leben und werden großzügiger gegenüber sich und anderen.*

Auch wenn wir alles „richtig" machen in unserem Leben, auch wenn wir dessen verwirrende Komplexität geordnet, vereinfacht und verlangsamt haben, so werden wir dennoch mit einem von Willkür, Zwängen und viel Negativem geprägten Leben konfrontiert, das uns oftmals reichlich absurd vorkommt.

Unser Alltag ist voller Widersprüche, die uns, wenn wir genau hinschauen, klar vor Augen stehen. Sehenden Auges verbrauchen wir unsere Reserven, vermüllen unser Land und huldigen den Götzen Wachstum und Fortschritt. Alles soll schnell und schick sein und gleichzeitig nagt an uns das schlechte Gewissen.

Wir rotieren wie andere, weniger entwickelte Organismen in unserem Hamsterrad und machen immer wieder dieselben Umwege und Fehler. Wie die Lemminge stürzen wir los und verstopfen die Straßen, obwohl wir bessere Lösungen wüssten. Wir protzen mit Macht, doch tief im Innern fühlen wir uns macht- und hilflos. Wir sind Natur und Technik ausgeliefert, obwohl wir meinen, sie meistern zu können. Hinter allem Guten fürchten wir das Schlechte und hinter dem Schlechten sehen wir das Gute nicht. Hoffnung und Furcht ringen um die Herrschaft. Glück und

Elend halten sich eng umschlungen. Das Irrationale und der ganz normale Wahnsinn sind unsere alltäglichen Begleiter.

Dabei haben wir doch für alles in der Welt wunderbare Ordnungen entwickelt, die uns wissenschaftlich und moralisch, ökonomisch und ökologisch den Weg weisen sollen und auf deren Einhaltung wir peinlich genau achten, obwohl wir uns deren Hintertüren immer offen halten.

Die Religionen und Philosophien der Welt, die wir uns erdacht und aufgebaut haben und denen wir uns zu unterwerfen versuchen, wollen uns den Umgang mit Leid erleichtern und den Sinn des Seins für uns suchen.

Dennoch scheint uns das Unabänderliche oft mächtiger als unsere Kraft zur Gestaltung. Wir fühlen uns geworfen ins Hier und Jetzt und können es nicht ändern. Wir zweifeln, verzweifeln und erstarren. Wir winden und wenden uns. Wir flüchten und versuchen zu vergessen.

Trotzdem freuen wir uns auch (fast) jeden Tag, verfolgen Pläne, kämpfen für sinnvolle Veränderungen, lernen und lehren. Unsere Überzeugungen stärken uns, unser Glaube hilft uns.

Trotz Hass lieben wir, trotz Egoismus helfen wir, trotz Dummheit denken wir.

Wir hängen am Leben, besonders wenn es in Frage gestellt wird, und finden es trotz allem meistens lebenswert.

Widersprüche und Unbill des Lebens auszuhalten und umzubiegen, dazu verhilft uns, neben anderen, eine Fähigkeit, die, soweit wir wissen, nur den Menschen zu eigen ist. Unsere Geheimwaffe ist unser Humor, der sich trotzig über alles hinwegsetzen kann. Durch unseren Humor können wir einen Schritt zurücktreten vom turbulenten Geschehen und einen distanzierten Blick auf die Dinge werfen. So haben wir bessere Chancen, uns als Handelnde zu fühlen und Handelnde zu bleiben, statt als allzu abhängige, in die Umstände verstrickte, Opfer der Situation.

Auch in scheinbar auswegloser Lage ergibt sich eine neue Perspektive. Eine Perspektive, die uns, wenn wir in alltäglichem Stress mittendrin und eingezwängt sind in Widersprüchen und Mustern, nicht zugänglich ist.

Wie ein Spannungsregler kann Humor Ausgewogenheit und Relativität wieder herstellen. Das Unglück und das Ver-rückte sind nicht absolut und wir sind ihnen nicht ausgeliefert. Es gibt immer noch und auch andere Standpunkte und Sichtweisen, die das Erschreckende und scheinbar Unlösbare neu ordnen und in einem anderen Licht erscheinen lassen können.

Mit unserem Humor transzendieren wir unsere strenge, uns selbst auferlegte Rationalität, die als alleiniger Wegweiser und auch als Lebensanimator überfordert ist. Humor setzt Logik und Vernunft, Determinismus und Statistik außer Kraft. Er eröffnet uns eine neue Dimension, in der nun wieder oder überhaupt alles möglich ist, was vorher undenkbar erschien.

Diese Dimension erhebt keinen Anspruch auf Realisierung und praktische Konsequenz. Das macht die Welt des Humors so wunderbar leicht und so entlastend. Wir finden einen Ausweg aus unserer Verbohrtheit und können unsere Fixierungen lockern. Auf dieser neuen Spielwiese können wir alles für möglich halten, auch und gerade weil wir wissen, dass wir nicht alles verwirklichen können oder sollen, dürfen oder müssen.

Durch unseren Humor können wir uns freimachen von unseren Festlegungen und entdecken, dass alles mindestens zwei Seiten hat und nicht so sein muss, wie wir annehmen, dass es sein muss. Wir müssen nicht dieses oder jenes tun oder lassen. Wir haben Wahlmöglichkeiten.

So kann es uns gelingen, den Dingen die Schwere und sie nicht so ernst zu nehmen. Wir können lernen, den Widersprüchen ihre Schärfe zu nehmen oder sie gar aufzulösen zugunsten einer neuen, oft abgeklärteren Sichtweise.

Durch gewollte Übertreibungen, Umkehrungen und Verdrehungen können wir herausfinden, dass die Ordnungen, die wir uns im und vom Leben gemacht haben, genauso willkürlich sind, wie das Leben selbst. Feine Ironie erweitert den Raum des Möglichen und kann beginnende Aggression entschärfen. Sie legt friedlich Widerspruch ein gegen etwas oder dreht als Ironie des Schicksals eine Entwicklung wieder um.

Die Phänomene des Lebens passen oft nicht zu unseren Schablonen und Konstruktionen, die wir ihnen auferlegen. Alles ist manchmal ganz anders, unverständlich, unlogisch, nicht einzuordnen und doch ganz real, spürbar und folgenreich.

Leichter akzeptieren zu können, dass es so ist, wie es ist, dazu dient dem Menschen sein Humor, mit dem er spielerisch alle Ordnungen über den Haufen schmeißen, neue Ordnungen ausprobieren oder Ordnung an sich in Frage stellen kann. Die Dinge müssen nicht mehr hineingepresst werden in vorgefertigte Strukturen und die Strukturen werden nicht noch zwanghafter festgezurrt, um die Dinge zu bändigen. Vielmehr wird bewusst ein Durcheinander hergestellt und Unsicherheit kultiviert, um das ganz Andere zumindest vorstellbar, vielleicht sogar entwickelbar zu machen.

Echter Humor besteht darin, alle Dinge mit allen ihren Unwahrheiten offen zu sehen. Dafür öffnen wir uns und dann spielen wir mit dem Unmöglichen und dem Absurden.

Humor ist Überzeichnung. Er treibt etwas auf die Spitze, um es zu brechen. Er argumentiert gegen den Strich.

Aus Humor kann Kraft entspringen, wenn Schwierigkeiten übermächtig werden und wir das Gefühl haben, die Kontrolle zu verlieren. Auch die Kontrolle über uns selbst, die sich in der anstrengenden Unverrückbarkeit unserer Fassade ausdrückt, stellen wir zur Disposition und sehen das komisch Verzweifelte in unserem Verhalten.

Das Erstaunliche ist, dass das Ziel des Humors, einen Raum für „genehmigte" Inkongruenz als Denkpause und neuen Denkansatz zu öffnen, gleichzeitig seine Methode ist.

Humor arbeitet nicht logisch, das wäre langweilig. Humor arbeitet paradox, das kribbelt und ist überraschend. Du hast zwar keine Chance, aber nutze sie.

Humor ist eine Geisteshaltung, die wir uns zu eigen machen können oder auch nicht. Er konstituiert sich dadurch, dass wir trotzdem lachen. Wir kehren die Kausalität um. Wir vertauschen Vordergrund und Hintergrund. Auch uns selbst sparen wir nicht aus. Wir konfrontieren uns mit unseren vergessenen und versteckten Anteilen. Wir lachen über uns genauso wie über andere, ohne dass sich unser Humor in ausbeuterischer Weise der Schwächen und Defizite anderer bedient. Auch uns selbst sollten wir nicht in zerstörerischer Weise belächeln. Humor hat seine Grenzen.

Humor ist Abwehr und Angriff, Kontakt und Erkenntnis, Psychohygiene und Therapie.

So entwickeln wir unseren ganz persönlichen Humor, der eine völlig eigene Ausdrucksform haben kann und nicht den Gesetzen der Lustigkeit gehorchen muss. Wir sollten unsere Fähigkeit zu Humor nutzen, von früh an lernen und verfeinern. Eine positive humorvolle Grundhaltung, wenn wir sie einmal gewonnen und verinnerlicht haben, bleibt uns als stabile Basis erhalten und lässt uns zuversichtlich leben und älter werden.

Gelingt es Ihnen, allen Dingen, vor allem jenen, die Sie sehr ärgern, eine komische Seite abzugewinnen? Können Sie sich in Humor flüchten? Haben Sie humorvolle Freunde, von denen Sie etwas lernen können? Haben Sie heute schon gelacht?

Natürlich sind die unter uns vom Schicksal etwas bevorzugt, denen eine humorvolle Haltung in die Wiege gelegt wurde und deren primäres Umfeld den Humor förderte oder aus einer Not heraus forderte, gerade weil es nichts zu lachen gab. Dennoch ist es jedem möglich, seine Spielwiese und Probebühne zur Aufhebung seiner einstudierten Wahrnehmungsraster und gewohnten Ordnungen zu suchen und zu finden.

Jeder sollte mal so tun, als ob alles noch viel schlimmer wäre oder als ob es die Schwerkraft nicht gäbe. Das wirkt erleichternd und entspannend und erlaubt, nachgiebiger zu sein gegenüber eigenen Schwächen und Defiziten. Wir müssen uns nicht schlecht machen, wenn etwas nicht klappt. Wir können im Scheitern auch einen paradoxen und absurd anmutenden Sinn erkennen.

Humor als der kleine Ausweg, als der Brückenschlag zwischen Gefühl und Vernunft steht kraft menschlichen Geistes jedem zur Verfügung und jeder sollte ihn ausprobieren und hegen und pflegen.

Sicher hat Humor auch etwas mit Mut und Kreativität zu tun, aber im Grunde ist es eine Entscheidung, die wir treffen. Wir *erlauben* es uns, die Dinge auch von einer ganz anderen Seite und ganz anders zu betrachten. Indem wir das tun, wird uns die Lächerlichkeit unserer vorherigen Einseitigkeit und Verkrampfung bewusst und auch die der anderen. In uns und auch bei anderen, je nachdem ob und wie deutlich wir uns ausdrücken, entsteht ein Lächeln oder ein Lachen. Wenn wir das erreicht haben, dann haben wir uns ganz konkret etwas Gutes getan.

Die physiologische Seite des Lachens, seine positiven neuromuskulären Folgen, die angsthemmend sind und die Atmung vertiefen, sind unbestritten. Nach einem herzlichen tiefen Lacher fühlen wir uns körperlich und geistig befreit und auch nur ein kleines zartes Lächeln verzaubert uns oder andere.

Versuchen Sie es einmal. Zaubern Sie ein inneres Lächeln in Ihr Gesicht, einfach so und ohne Grund. Es braucht nach außen nicht sichtbar zu werden, es gilt Ihnen selbst. Halten Sie dieses zarte Lächeln in sich und spüren Sie es als Muskelbewegung und als Stimmung. So gehen Sie die Dimension Humor von der anderen Seite her an. Wenn Sie die Übung des Lächelns regelmäßig praktizieren, können Sie Ihr inneres Lächeln in bestimmten Situationen und Befindlichkeiten bewusst einsetzen. Sie werden nach einer Weile merken, dass es Ihnen leichter fällt, eine ausgewogenere Perspektive einzunehmen und die Unabänderlichkeit der Welt humorvoller zu betrachten.

Es mag uns befremdlich vorkommen, aber in anderen Kulturkreisen erfreuen sich „Lachklubs" großer Beliebtheit. Eine reine atmungsaktive Lachmotorik, so gesundheitsfördernd sie auch sein mag, kann aber noch nicht den Geist und die Weite des Humors abdecken. Auch programmatische Lachkurse, wie es sie hierzulande gibt, tun sich schwer, die Ganzheitlichkeit des Phänomens zu erwecken und sind nur ein Teil des Weges.

Gelassene Heiterkeit und heitere Gelassenheit sind der Boden, auf dem Humor gedeiht. Der ganze Mensch ist betroffen. Humor und Lachen entwickeln sich von innen heraus und wirken nach innen zurück.

Die Grundhaltung ist die des Annehmens und Akzeptierens, nicht die des Abweisens und Abwehrens. Offenheit und Selbstkritik sind nötig und die Einsicht, dass Leid und Fehler zu unserem Leben gehören. Dann können wir großzügiger werden uns und anderen gegenüber. Dann können wir ablassen von unseren fixen Ideen und uns abwenden von unserer immer wieder aufkeimenden Negativität. Dann können wir lächeln. Das bringt uns voran und vertreibt Resignation.

Wenig geeignet dafür ist vorprogrammierte Witzigkeit, die uns vom medialen Fließband täglich berieselt. Verkniffene Spaßmacher bauen uns auf Kosten anderer die Spaßgesellschaft und selbsternannte Optimismus-Gurus verkaufen erstarrtes Grinsen. Das alles ist nicht mehr lustig und auch nicht hilfreich, unsere Grenzen zu öffnen und unsere geistige Bewegung voranzutreiben. Alles vollzieht sich vielmehr in denselben engen Bahnen. Dabei lernen wir nicht, mit Anderem und Anderen anders umzugehen. Ablenkung und Ablehnung stehen im Vordergrund. So kann das zarte Pflänzchen Heiterkeit sich nicht entwickeln und zu einem stabilen Humor reifen.

Wir selbst müssen allerdings auch darauf achten, dass wir uns nicht zu einer permanenten Spaßmaschine reduzieren. Ein wenig Galgenhumor hilft sicherlich weiter, aber zwanghaft regelmäßige Verulkung, die ihre höchste Ausdrucksform in verzweifeltem Zynismus finden kann, verhindert den Kontakt zur Situation. Auch so kann es passieren, dass wir die Dinge nicht so sehen, wie sie sind.

Es ist aber notwendig, die Dinge an uns herankommen zu lassen, auch wenn sie unangenehm sind und uns weh tun. Dabei soll uns das Lachen nicht vergehen, wie es manchen vergangen ist. Vielmehr wollen wir es dadurch (wieder) lernen. Das fällt uns umso leichter, wenn wir uns deutlich vor Augen führen, dass wir mit unserer Fähigkeit zum Humor, wie unterentwickelt sie auch noch sein mag, ein beachtliches Werkzeug in den Händen halten, das es uns auf angenehme Weise ermöglicht, mit den Unabwägbarkeiten des Lebens umzugehen. Wichtig ist, dass wir es uns erlauben, mit diesem Werkzeug zu hantieren, auch wenn wir anfangs daneben und andere in die Pfanne hauen. Wir sollten daraus lernen, vorsichtiger zu Werke zu gehen und die Feinheiten unserer gewollten paradoxen Grenzüberschreitungen und Regelverstöße sorgsam zu erkunden, um unseren eigenen störenden zwanghaften Regeln und Ritualen auf die Spur zu kommen.

Das kann uns helfen, in den Spiegel zu schauen und uns zu sehen, so wie wir sind, anstatt uns das Alter nach dem Bildnis der Jugend zu entwerfen. Über das, was wir im Spiegel sehen, können wir wohlwollend lächeln. Wir können die altersbedingten Veränderungen unseres Äußeren offen und neugierig registrieren und uns selbst tief in die Augen schauen, um dort Festigkeit, Reife und Weisheit zu entdecken.

Wenn wir dabei auch Trauer und Zweifel finden und zuweilen Müdigkeit und Leere, dann schauen wir nicht weg. Wir schauen uns weiter in die Augen und akzeptieren, dass wir müde *und* stark, zweifelnd *und* weise sind. Wenn wir diesen scheinbaren Widerspruch nur einen kurzen Moment achtsam aushalten, wird uns das Komische unserer polaren Fixierung auf alt gegen jung auffallen und wir können, wir müssen darüber lachen.

Je öfter Ihnen das gelingt, je gelassener wird Ihre Haltung. Werbeslogans wie „Fünf Jahre jünger aussehen mit Anti-Aging-Creme" oder „Nur das ganz spezielle ‚Forever young-Laufen' macht Sie gesünder, fitter, schlanker und glücklicher" versetzen Sie nicht mehr in hektische Nervosität und bereiten Ihnen auch keine schlechten Gefühle und kein schlechtes Gewissen mehr. Über so etwas können Sie hoffentlich nur noch lachen. Sie nehmen die „Anti-Aging"-Industrie nicht mehr so ernst und sehen sie als das, was sie ist: ein expandierender Markt, in dem, wie in allen Märkten, Bedürfnisse geweckt und gedeckt werden und in dem Sie ab einem bestimmten, von Marketingfachleuten festgesetzten Geburtsjahr zum umworbenen Zielpublikum gehören.

Ob Sie auf diesem Marktplatz bummeln wollen und was Sie dort kaufen wollen oder ob Sie sich lieber auf einem anderen Markt umschauen oder gar nicht konsumieren wollen, bleibt *Ihre* Entscheidung.

Alle Aufdringlichkeiten der „Anti-Aging"-Spezialisten nehmen Sie mit Humor.

Sie schauen in den Spiegel und lächeln.

## GENUSS

Die Früchte des Lebens pflücken

*Sie spüren sich, Sie fühlen sich wohl und Sie drücken das aus.*

Genau wie beim Humor ist auch beim Prozess und der wohltuenden Wirkung des Genusses die geistige Freiheit und Klarheit eine wichtige Voraussetzung. Genuss ist etwas, das, genauso wie Humor, Raum braucht und schafft, etwas, dem wir Weite und Bedeutung geben, das wir zulassen.

Es ist nötig, den Geist freizuhalten von Gängelungen und Gegenargumenten wie: „Was soll das.", „Es geht nicht." oder „Ich kann nicht und ich darf nicht." Genuss erlauben wir uns. Für Genuss öffnen wir uns ganz und gar.

Echter Genuss stellt sich nicht unbedingt von selbst ein und ist auch kein automatischer Begleiter einer angenehmen Erfahrung. Genuss ist etwas nur Authentisches, das unmittelbar mit dem Hier und Jetzt verbunden ist. Genuss ist individuelle sensorische und synaptische Arbeit, die nicht delegiert und deren Produkte nicht käuflich erworben werden können.

Genuss kann sehr verschieden wahrgenommen und erlebt werden, in unterschiedlichen Intensitäten und mit unterschiedlichen Tönungen, die für jeden ganz unterschiedliche Bedeutungen haben.

Genuss müssen wir uns erarbeiten. Erst vor dem Hintergrund von Verzicht und Belastung bekommt genussvolles Erleben seine

Bedeutung, das es eindeutig und positiv aus dem Erleben anderer Befindlichkeiten und Prozesse heraushebt.

Andauernder Genuss ist nicht möglich. Unser Organismus würde sich physisch und psychisch daran gewöhnen und Genuss würde nicht mehr als solcher wahrgenommen werden können. Genuss ist ein Prozess, der aus verschiedenen Phasen und geistigen Bewegungen besteht und dessen seltene Höhepunkte sich auf- und wieder abbauen.

Dazu gehört, dass wir überhaupt erst einmal wissen, was für uns angenehm ist und was uns gefällt, ob wir es wirklich wollen und ob wir die Erreichung dieses Zieles, das in näherer oder weiterer Ferne liegen kann, auch anstreben.

Wenn wir eine grundlegend ablehnende Haltung allem gegenüber pflegen, uns dem Erfahren und Spüren verschließen und die Phänomene kritisch und abwehrend beäugen, wird es uns schwer fallen, das, was das Leben für uns bereit hält und was wir erleben wollen oder sollen, zu genießen. Wenn wir alles ablehnen, was bleibt dann noch zum Genießen übrig?

Zum Genießen gehört unabdingbar das Öffnen. Dadurch, dass wir unseren Geist auf das Kommende einstellen und auf unsere Sinneswahrnehmung und -verarbeitung konzentrieren, öffnen wir uns und machen und halten uns bis in die letzte Verästelung unseres sensorischen und geistigen Apparates genussfähig.

Der rechte Genuss wird uns schwer möglich sein, wenn wir uns von gewollten und ungewollten Reizen überfluten lassen oder uns mit scheinbaren Pflichten und Zwängen zudecken und dabei originäre Bedürfnisse ausschalten. Ablenkung, wie auch immer motiviert, kann kein wahrer Genuss sein, denn wir lenken uns ja von etwas oder einem Teil von uns ab. Wir wollen etwas aussperren und wegdrücken und das ist keine Voraussetzung für Genuss.

Genauso vermeidend und unfruchtbar für Genuss ist ausweichendes Ersatzhandeln, das wir uns mehr oder weniger starr und mehr oder weniger bewusst angewöhnt haben.

Genuss braucht bewusstes, zielgerichtetes Handeln und Denken, das frei ist von Ablenkungen und Einengungen aller Art. In freier Entscheidung haben wir die Handlung oder Situation ausgewählt oder sie akzeptiert und uns ihr gestellt, um möglichst frei und offen den Ablauf erleben zu können.

Jeder weiß aus eigener Erfahrung wie groß der Unterschied im genussvollen Erleben sein kann, wenn er zum Beispiel das Verzehren eines Stückes Schokolade in Ruhe zelebriert oder dasselbe Stück zwischen Tür und Angel mit schlechtem Gewissen herunterwürgt. Genauso unterschiedlich können wir einen Spaziergang erleben, abhängig davon, ob wir meinen, diesen machen zu müssen oder zu wollen. Auch Formen und Veränderungen in der Natur können wir genießen oder nicht, je nachdem mit welchen fixen Vorannahmen und Konstruktionen wir unsere Wahrnehmungen begleiten und filtern. Fallende Herbstblätter oder ein warmer Landregen werden mit unterschiedlichen Gefühlen begleitet und dadurch unterschiedlich wahrgenommen.

Genuss ist ein angenehmer Prozess, der im Wechsel steht zu unangenehmen oder neutralen Prozessen und heraussticht aus der Masse unseres alltäglichen Erlebens. Echter Genuss wandelt unsere Wahrnehmung und verwandelt uns. Er ist deshalb ein Prozess, weil er neben Vorfreude und positiver Erwartung, was ein darauf Hinarbeiten und zunehmendes sich Öffnen nach sich zieht, aus dem bewusst wahrgenommenen Geschehen besteht und einer Art Nachbearbeitung, die sich in guten, nutzbaren Erinnerungen und konstruktiven inneren Entwicklungen ausdrückt. Als positiver Verstärker kann Genuss verschüttete Neugier wieder oder überhaupt erwecken und forcieren und damit Lernvorgänge befruchten.

Wesentliches Element des gesamten Genussvorganges ist die Verlangsamung. Gleichsam Ursache und Wirkung lässt ein verändertes Zeitmass den Genuss zu etwas Besonderem werden und hebt ihn heraus aus alltäglicher gleichförmiger Hektik und ökonomischer Normierung. Erst wenn wir uns gestatten unabhängig von Schnelligkeit und Beschleunigung richtig hinzuspüren und *mit* unseren Empfindungen zu gehen, anstatt sie in etwas hineinzupressen, kann Genuss seine umfassende Wirkung entfalten.

„Schneller Genuss", den manches Produkt und manche Dienstleistung versprechen, ist kein Genuss, der uns mit uns selbst in Berührung kommen lässt und bei dem wir uns als ganzer Mensch spüren können, so dass wir Lebenslust verspüren.

Tiefer Genuss ist erdverbunden, sinnesgebunden und sehr real. Er ist nicht abhängig von Deutungen und Hilfsmitteln. Er vollzieht sich vor dem Hintergrund alltäglicher Schwierigkeiten und Defizite, mit denen wir uns auch weiter konfrontieren und die wir auch weiterhin aushalten. Das Ausweichen und kunstvolle Umschiffen einer unerfreulichen oder angstbesetzten Situation kann kein wahrer Genuss sein, auch wenn wir die Vermeidung positiv gestalten und erleben. Es ist mehr eine Erleichterung darüber, die negative Spannung gelöst zu haben.

Auch Hilfsmittel, die unseren Geist und unsere Sinne beeinflussen, reduzieren, wenn wir nicht sehr sorgsam und sparsam mit ihnen umgehen, unser Erleben, unsere Genussfähigkeit und unser Gefühl von Ganzheit eher, als dass sie, wie manche glauben, zu Erweiterungen führen. Nicht zuletzt deswegen, weil wir durch deren gewohnheitsmäßige Nutzung den Kontakt zu uns selbst verlieren und in abhängig machender Weise unsere Vermeidungen etablieren. Wir ergötzen uns am schnellen Höhepunkt und verwechseln unsere getriebenen Fluchtbewegungen, die Anteile von uns verdecken sollen und weitere Erstarrungen und Einengungen nach sich ziehen, zunehmend mit entspannendem Genuss, der uns zu einer in sich ruhenden, expandierenden Einheit werden ließe.

Bei tiefem Genuss geht es darum, seinen Körper und seine Sinne nicht einfach nur zu gebrauchen wie Instrumente zu einem lustvollen Zweck, sondern der Körper und die Sinne zu *sein* und zu bleiben, sich in ihnen zu finden und durch sie auszudrücken.

Auf raffinierte Weise hat sich diese Erkenntnis auch die Werbung zu eigen gemacht: „Jede Zigarette, die man nicht bewusst genießt, ist eine zuviel". Hier wird mit Genuss gelockt, indem Bewusstheit gefordert wird, deren tiefe wohltuende Wirkung über den indirekt eingestandenen Schaden gestellt wird.

Eine andere Form der werblichen Kaufverführung zu mehr Genuss sind die um sich greifenden „Du darfst"-Slogans, die eine einfache und direkte Konsumaufforderung, meist im Ernährungssektor, repräsentieren und bei vielen Menschen sehr entlastend wirken, da sie psychologisch geschickt Blockaden lockern und oft sinnvolle Disziplinierungen außer Kraft setzen.

Der Weg zum Genuss führt in allen diesen Fällen über den Konsum und je ausgeklügelter Botschaft und natürlich vorhandenes Genussstreben miteinander verwoben sind, desto eher laufen wir Gefahr, unsere Genussfähigkeit und sogar unser Genießen an sich vom Kaufen abhängig zu machen. Der Erwerb von Dingen bedeutet nicht automatisch Genuss und dauernder Konsum kann schon gar nicht dauernden Genuss versprechen. Es ist vielmehr ein Greifen und Habenwollen, was wiederum anhaltenden Kaufdrang und Genusssucht nach sich ziehen kann, die nie so richtig befriedigt werden können. Dieser Prozess hat eher etwas Automatisches als Genießerisches an sich.

Solcher Verknüpfungen und Motivationsdynamiken bedient sich auch die „Aging"-Industrie. „Alt ist, wer nicht mehr konsumiert", heißt es. Wer an den Wirtschaftskreisläufen nicht mehr aktiv teilnimmt, ist out. Wer will das schon?! Also konsumieren wir, so gut wir jeweils können, auch und erst recht als ältere Menschen. So entsteht und wächst der „Aging"-Markt.

Das wiederum Raffinierte in diesem Markt ist die paradoxe Doppelnutzung unserer Konsumgewohnheiten und unseres Genussstrebens. Einerseits werden wir gelockt, durch Kaufen und Genießen uns immerwährende *Jugend* vorzugaukeln, andererseits werden wir auf das Eindringlichste zum gleichen ermuntert, gerade wegen unseres fortschreitenden *Alters*, das wir nun endlich mal richtig genießen sollen. Halb zogen sie uns, halb sanken wir hin.

Ob wir uns nun jung oder alt fühlen oder jung oder alt sein wollen, ist gar nicht mehr so wichtig. Die jeweils brauchbaren Motive und die richtigen Produkte und Dienstleistungen werden uns Alternden für jede Sichtweise passend angeboten und geliefert.

Das hat auch Vorteile für uns. Wir können so richtig *auswählen,* wenn wir wollen, und Angebote finden, die hilfreich und angenehm sind. Wenn wir uns nicht zu sehr an den oft hohlen Formen des Konsums und seinen vagen Versprechungen kurzfristig berauschen, können wir Genuss finden und unser Genießen verfeinern.

Diese Zusammenhänge zu erkennen, zu akzeptieren und gezielt für sich zu nutzen, hat etwas mit Reifen und damit mit Älterwerden zu tun. Angesichts der uns überflutenden Reize und Angebote in jeder Altersstufe, die wir sortieren müssen und mit denen wir lernen müssen umzugehen, hat auch unsere Genussfähigkeit etwas mit Reifen zu tun.

Wir können sogar den Zuwachs an Kompetenz, an Abgeklärtheit und Gelassenheit, der es uns ermöglicht, die Früchte des Lebens bewusster und gezielter zu pflücken, zum Gegenstand unseres Genießens machen. Wir können unser Altern genießen. Reifung und Genuss befruchten sich gegenseitig.

Das mag für manche überraschend oder gar absurd klingen. Als kleiner und als junger Mensch jedoch genießen wir auf natürliche und selbstverständliche Weise das Erwachsenwerden, das zunehmende Alter und die damit meistens verbundene zunehmende Reife und Lebenskompetenz. Unser Radius wird in unterschiedlichem Tempo in den verschiedenen Dimensionen größer und immer größer und wir werden zu unserer großen Freude unabhängiger. Wenn das nicht so ist, gehen wir davon aus, dass die Entwicklung dieses Menschen in irgendeiner Weise gestört oder verzögert ist. Das naturgegebene Anstreben dieser Entwicklung wird gefördert durch Genuss als natürliche Belohnung.

Wir wollen normalerweise älter werden und wir genießen das auch, aber wenn es heißt, nun seien wir alt, dann wollen wir nicht mehr.

Wenn wir meinen oder dahin gedrängt werden zu meinen, dass der „Gewinn“, den unser Altern und Reifen uns bringt, von einem „Verlust“ überflügelt wird, fällt es uns schwer, unseren Alterungs- und Reifungsprozess zu genießen. Wenn wir meinen, die „Form“ stimmt nicht mehr, weil uns ewig stabile Formen vorgegaukelt werden, sind wir beleidigt und werden trotzig. Wir wollen nicht mehr reifen und älter werden und alt schon gar nicht.

Wir übersehen dabei, dass unser Radius in bestimmten Dimensionen weiterhin wächst und uns darin noch größere Unabhängigkeit und Kompetenz zuteil werden lässt, auch wenn er sich in anderen Dimensionen wieder verringern mag und uns abhängiger werden lässt von anderen. Unsere geistige, soziale und emotionale Reife kann sich ununterbrochen weiter entwickeln, genauso wie spezielle andere Fähigkeiten oder Fertigkeiten, die wir unser Leben lang geübt haben, auch wenn wir in anderen Bereichen, wie etwa in der körperlichen Beweglichkeit oder der präzisen Sinneswahrnehmung uns wieder „zurück“ entwickeln. Auch wenn wir altersbedingt mehr leiden müssen, sollten wir die Möglichkeiten zu Freude und Genuss nicht verachten und verschenken. Auch sollten wir ein kritisches Auge auf eventuelle alte Gebote werfen, die besagten, dass sich so etwas nicht gehöre oder nicht zum Alter gehöre und ein „Sich gehen lassen“ bedeute.

Wenn wir also unser Genießen reduzieren oder vielleicht sogar ungünstigerweise gegen ein Jammern eintauschen, weil wir unseren Fortschritt nicht mehr sehen, entziehen wir uns die Lust zum Reifen und damit einen wesentlichen Verstärkungsmechanismus unserer inneren Entwicklung und Entfaltung. Unsere Genussfähigkeit ist Teil unserer Lebensfreude und ein Lebensmotor schlechthin, der uns immer, auch in schlechten Zeiten und auch wenn uns das Altern durch zunehmende Einschränkungen zu schaffen macht, zur Verfügung steht.

Durch Zweifel und Negativität fördern wir stattdessen das Gegenteil. Wir erstarren, verunsichern und werden anfällig für falsche Versprechungen. Unsere Wahrnehmung verengt sich zusehends. Im Spiegel sehen wir nur noch die Falten und die zu genießen ist für viele freilich eine schwere Aufgabe. Statt Zuwachs beschäftigen uns nur noch Reduktion und unfruchtbare Phantasien darüber, wie wir die Natur bei ihrem Werden und Vergehen beherrschen könnten. In solchen Welten gibt es wenig zu genießen, weil wir auf der Flucht sind und der Boden unter unseren Füßen brüchig und trügerisch ist.

Tragfähiger als uns in Ablenkungen und Illusionen zu verlieren, ist der Weg, der uns zu uns selbst führt und uns Einklang und Rhythmus finden lässt.

Wir nutzen die Annehmlichkeiten der neuen Aufmerksamkeit, die uns als Zielpublikum auserkoren hat, und versuchen, weiterhin unseren Radius zu vergrößern, zu wachsen und zu lernen. Unser Genießen wird sich vertiefen und nachhaltiger werden.

Nicht der vorprogrammierte und standardisierte, oberflächliche und schnelle Genuss, der uns von einem scheinbaren Höhepunkt zum nächsten hetzen lässt und ohne innere Wirkung bleibt, ist unser Ziel, sondern die geduldige und zielgerichtete Öffnung für das Jetzt und die Befreiung von alten Lasten. So können wir uns uns selbst annähern. Wir bleiben mehr und unmittelbar bei unseren Sinnen, ohne deren Wirken durch die üblichen inneren Diskussionen zu verstellen und zu kanalisieren.

Im Vordergrund steht die ungetrübte Sinneswahrnehmung, die uns zu vertieftem Kontakt mit der Natur und den Dingen, die uns gefallen, führen kann. Wir sind offen für das, was kommt. Unsere Erwartungen und Wahrnehmungen sind von einer positiven Grundstimmung getragen und wollen sich in uns erfüllen. Wir lassen die Augen weiden und die Ohren schmausen. Der Körper rührt und spürt sich und empfindet Lust. Der Geist fliegt in ungeahnte Höhen und erlebt sein ungeheueres Potenzial. Durch Genuss können wir unsere Sinne weiter öffnen und den Zugang zu uns selbst.

Wann haben Sie zum letzten Mal etwas richtig genossen? Wissen Sie noch was es war? Kann es sein, dass Sie sich allzu oft oder überhaupt Genuss verbieten oder betrachten Sie das Leben als eine breite Genussbahn, auf der Sie immerzu und ohne Halt unterwegs sein wollen? Genießen Sie vielleicht nur im Verborgenen und etwas verquer oder mit lautem Getöse und wenig Rücksicht auf andere?

Sie sollten das sanfte Genießen in Ihren Alltag einbauen und kleine Genussinseln für sich schaffen, die Sie ohne schlechtes Gewissen und ohne schädliche Folgen für sich und andere betreten können. Sie erlauben sich und auch den anderen ab und an und ausdrücklich die schönen Dinge des Lebens, ohne dabei den Blick für das Ganze zu verlieren.

Es steht uns zu, das Leben zu feiern, in Maßen, zur rechten Zeit und so, wie wir es wollen. Um zu genießen, brauchen wir niemandem etwas wegzunehmen. Vielmehr können wir durch Geben zum Genießen der anderen beitragen. Das will gelernt sein und lässt sich weder an Spaßmacher noch an Genussfabriken delegieren.

Durch wahren Genuss gelingt es uns, uns unserer selbst bewusst zu werden und unser Selbst auszudrücken. Statt in uns gefangen zu bleiben, werden wir authentisch und drücken das aus. Wir spüren uns, wir haben Freude daran und lassen es die anderen wissen. Unser Ausdruck kann künstlerisch, emotional, körperlich, spielerisch, überschwänglich, verhalten oder wie auch immer sein. Wir bemühen uns darum und drücken nichts mehr weg. Genuss ist ein Weg nach innen genauso wie nach außen.

Die Steigerung unserer Genussfähigkeit wird sich in allen Bereichen unseres Lebens positiv auswirken. Wir können lernen, für unser psychisches Wohlbefinden und unsere positiven Emotionen verantwortlich zu sein und diese Verantwortung auch in entsprechende Handlungen umzusetzen. Damit sind wir in der Lage, etwas für unsere Gesundheit und die Vermeidung von Krankheit zu tun.

Diese Selbstverantwortung genussvoll zu akzeptieren und zu praktizieren, ist eine gute und fröhliche „Altersvorsorge".

## MITGEFÜHL

Aus dem Nehmen wird ein Geben

*Sie befreien sich von Ihrer Ichsucht.*

Die letztendliche Öffnung unserer Herzen geschieht durch unsere Fähigkeit, mit den anderen Lebewesen mitzufühlen. Um solche Verbindungen herzustellen, ist es nötig, dass wir alle Barrikaden, die uns den Weg zu den anderen verstellen und erschweren, niederreißen und alle Rüstungen ausziehen, hinter denen wir uns glauben verstellen und verstecken zu müssen. Wir werden nackt und bloß und öffnen unsere Poren und Herzen für das, was wir bei den anderen sehen und spüren.

Mit Gefühl empfinden und praktizieren wir Mitgefühl für die anderen, weil wir in ihnen den Mensch erkennen, der auch wir sind. Als Mensch den Mensch im Menschen sehen, das gelingt uns nur, wenn wir auch den anderen das Recht zugestehen, glücklich zu werden und sich auf ihre Weise zu verwirklichen.

Wir wollen Leid vermeiden und das wollen die anderen auch. Wir wollen in unserer Menschwerdung voranschreiten und das wollen die anderen auch. Wir sehnen uns nach Anerkennung und Liebe und das tun die anderen auch.

Wir bemühen uns, die Zartheit und die Zerbrechlichkeit aller Menschen zu fühlen. Ihre Verletzlichkeit ist auch unsere Verletzlichkeit. Mit dieser Sichtweise wird es uns leichter gelingen, unser Herz zu öffnen und auch das unseres Gegenüber.

Dann können wir vielleicht dem anderen helfen, sein Leid zu überwinden oder lernen, damit umzugehen. Dann können wir ihn vielleicht auch unterstützen bei seiner Glücksuche und Selbstverwirklichung und wir können mit Großzügigkeit und Rücksichtnahme seinen Schwächen und Fehlern begegnen.

Allerdings ist es notwendig, auch uns selbst gegenüber Mitgefühl zu zeigen und zu leben. Auch uns selbst gegenüber sind wir rücksichtsvoll und großzügig. Auch für uns selbst suchen wir Verwirklichung und Zufriedenheit. So wie wir anderen gegenüber nicht verschlossen sind, sind wir auch uns selbst gegenüber nicht verschlossen.

Das kann bedeuten, dass wir auch einmal nicht für die anderen da sind und erst selbst einen Schritt zu unserer Ganzwerdung und unserem Heilsein machen wollen. Wenn wir bei unserer selbstlosen Hilfe unser Selbst loswerden, verlangt das sehr viel, für viele Menschen zu viel an innerer Einheit und Stärke.

Der anderen Lasten tragen können wir sinnvoll und auf Dauer nur, wenn wir uns selbst tragen und ertragen können. Wenn wir den Nächsten lieben wollen, dann sollten wir uns selbst auch lieben. Die Liebe, die wir uns selbst zukommen lassen und die positiven Gefühle, die wir in uns säen, können dann auch von anderen geerntet werden.

Wer mit sich im Reinen ist, kann anderen besser ins Reine verhelfen. Wer (noch) von sich selbst überflutet wird, kann nur schwer mit den Fluten anderer umgehen. Aus dem Mitfühlen wird dann leicht ein Mitfluten, was die Überflutung nicht begrenzt, sondern eher verstärkt und trotz aller Teilung das Leid nicht halbiert.

Mitgefühl ist kein Ersatz für die Arbeit am Selbst und für inneres Reifen, aber es ist ein wichtiger Schritt auf diesem Weg. Wir fühlen uns verbunden mit allem Lebendigen in seiner Unschuld und in seinem Sehnen nach Erfüllung. Dieser echte und aufrichtige Kontakt muss erst einmal hergestellt werden und die Kommunikation auf lebendige Weise in Bewegung gehalten werden. Wir werden resonanzfähig und empfindsam für die anderen und ihre Sicht der Dinge. Wir gestehen jedem seine eigene Wahrheit zu und bemühen uns in fruchtbaren Dialogen Konsens über die verschiedenen Sichtweisen herzustellen, ohne den Blick auf nur eine „richtige" Wahrheit einzuengen.

Wir vermeiden es, den anderen zu verletzen und nur um den Sieg der Meinungen zu streiten. Konstruktive und friedliche Auseinandersetzung besteht auch darin, das auseinander zu setzen, was hinter einer Meinung steht, und zu ihrer zuweilen überraschenden und harschen Formulierung führt. Wir deuten und spekulieren weniger und bemühen uns dafür mehr darum, das Wesen einer Situation oder einer Idee klar zu sehen.

Wir wissen es nicht immer besser, aber wir wissen, was wir für wahr, wichtig und richtig halten und wir können und dürfen das ausdrücken.

Es kann gut sein, dass die anderen unsere kritischen Äußerungen nicht hören wollen. Es kann sogar sein, dass sie auch nicht unsere Hilfe und noch nicht einmal unser Mitgefühl wollen. Vielleicht kommen wir ihnen zu nahe, vielleicht fühlen sie sich zu sehr durchschaut. Vielleicht fühlen sie auch, dass wir in unausgesprochener Weise immer auf eine Gegenleistung aus sind und wollen sich nicht in solche unklaren und ungefragten Abhängigkeiten begeben. Oder sie durchschauen unsere Bemäntelung der eigenen Hilfsbedürftigkeit, die wir nicht offen legen, sondern in die anderen hineindeuten und dort, anstatt in uns, beheben wollen. Also drängen wir uns nicht auf und jagen die anderen nicht mit unserem Mitgefühl. Die Gefahr ist groß, dass wir dabei Grenzen verletzen und andere unerkannte eigene Bedürfnisse ausleben oder Defizite auszugleichen versuchen.

Wir brauchen, um uns zu behaupten, nicht mehr ausschließlich uns in das Zentrum aller unserer Mühe und Bemühungen zu stellen, sondern fühlen uns auch in respektvoller Weise für andere verantwortlich.

Wir können die Dinge, uns und die anderen so sehen, wie sie sind. Wir können sie auch so *lassen* und aus dem Lassen erst ein Helfen und Machen entwickeln.

Aus dem Überfluss unserer Erfahrungen und unserer Stärken, die sich von unseren Schwächen nicht verdrängen lassen, geben wir an andere weiter. Wenn wir einen klaren Blick für uns selbst entwickelt haben und auch für die Vielschichtigkeit und Verwobenheit unserer äußeren Beziehungen, werden wir in uns spüren und genau wissen, welche Dinge zu tun sind und welche zu lassen. Unser Geben kann selbstverständlicher, direkter und liebevoller werden und mutiert nicht zum Spielball und Handelsobjekt komplizierter Verwicklungen oder unerlöster Schuldgefühle. Wir geben, wenn Hilfe nötig ist und wir beginnen, aus unserem Altern und unserer zunehmenden Reife zu schöpfen und andere daran teilhaben zu lassen.

Wir dürfen und können uns jetzt offener machen für andere, weil uns das Geben interessiert und füllt. Unsere Weisheit, die sich durch die Erfahrungen unseres Lebens aufgebaut hat und die in uns schlummert, auch wenn viele sie dort nicht sehen können oder wollen, will nach außen und weiter getragen und entwickelt werden.

Wir haben etwas zu geben. Nicht nur Kenntnisse und Fähigkeiten, Erfahrungen und Einsichten, sondern auch uns als reifenden und gereiften Menschen, als ein kontaktfähiges Du und ein gebendes Gegenüber, das mitfühlen kann und will.

Tragfähiger Grund des Mitfühlens und Gebens ist die Energie der Liebe, die immer fließt und jedem zur Verfügung steht. Unabhängig von allen äußeren Umständen und Widrigkeiten, allen Filterungen und Instrumentalisierungen durch unsere Ichbezogenheit, bleibt das Konzept der Liebe lebendig, für das wir uns entscheiden und das wir leben können, so gut wir es können, wenn wir es wollen.

Wenn wir den vollständigen Fluss dieser Kraft zulassen können, gibt es keine Zweifel und keine Möglichkeiten für Verdrehungen. Trotz aller unserer Unzulänglichkeiten, unserer Unvollkommenheit und unserer Fehlerhaftigkeit brauchen wir uns nicht zu lähmen und zu verkriechen, sondern wir können in stetem Geben, dem ein Nehmen nicht entgegensteht, für Ausgleich mit der uns umgebenden Welt und inneren Einklang sorgen.

Behindert und oft auch verhindert wird dieser Energiefluss, wenn unser Egoismus ihn einfängt und verfestigt. Dann ist er nicht mehr frei, kraftvoll und fließend, sondern eingeengt, gelenkt und stockend. Es kommt zu keinem tieferen Austausch und zu keiner wechselseitigen Erfahrung. Mitfühlender Kontakt ist schwer möglich, es finden nur Berührungen an der Oberfläche statt.

Das Innere einer Situation oder eines Menschen kann nicht wahrgenommen werden, sondern nur die Äußerlichkeiten. Es regieren die Gesetze der abrupten Abstoßung oder erstarrten Anhaftung, des Durchsetzens und des Vereinnahmens.

Auch die grenzenlose Verschmelzung mit anderen ist kein Zeichen tätiger Liebe und lässt Spannung und Fluss der Energie in sich zusammenbrechen. Als nicht weiter gereiftes Relikt aus frühester Kindheit weicht das harmoniesüchtige und identitätssuchende ineinander Aufgehen die nötige feste psychische Form des Einzelnen auf. Zugunsten einer gedachten Zuflucht in anderen und oft getarnt als empathische und hoch angesehene Pflicht zur Nächstenliebe wird die eigene unabhängige Erweiterung und Selbstfindung vernachlässigt und vermieden. Es erscheint leichter, die Grenzen der anderen zu überwinden als die eigenen.

Natürlich gehört zum Öffnenkönnen und zum möglichst freien Fluss und Austausch der Kräfte ein gewisses Maß an Vertrauen. Können wir unseren eigenen Motiven trauen und dem guten Wirken von Mitgefühl und Liebe? Können wir dem Leben, so wie es ist und den anderen, so wie sie sind, vertrauen? Wollen wir uns wirklich öffnen und mitfühlen?

Wenn in uns ein Gefühl der Bedrohung vorherrscht und wir meistens darauf aus sind, uns zu schützen, sind wir mit dem Sichern unserer selbst beschäftigt, verschließen uns und haben keinen Blick und keine Energie für die anderen.

Unsere Ich-Maschine läuft dann auf vollen Touren und das Programm des Selbsterhaltes, das immer ein Programm des Ich-Erhaltes ist, spult ab. Andere und anderes kommen da erst einmal nicht vor.

Das Dilemma ist, dass unser „Ich", das wir uns als eine gedachte Operationszentrale vorstellen können, in der ein Teil des uns bewussten und unbewussten organismischen Geschehens abgebildet wird und in der wir einen Teil der Operationen, die wir wollen oder die ohnehin passieren, koordinieren können, sich meistens bedroht fühlt und unter allen Umständen auf den Erhalt seiner Funktionsfähigkeit pocht. Einmal eingeschlagene Wege und Wahrnehmungsweisen, Entscheidungsfindungen und Reaktionsketten werden eingeübt und verfestigen sich immer mehr.

Das zieht eine mechanistische und reduzierte Betrachtungsweise und Auseinandersetzung mit der Welt nach sich, deren sich verselbständigender egoistischer Anteil, wenn wir ihn lassen, immer größer wird. Dieser Anteil will nicht nur das Geschehen um sich herum und die anderen kontrollieren, sondern auch alle unsere eigenen anderen Anteile und sich so zum Alleinvertreter unserer selbst aufschwingen. Unser „Ich" formt sich ein Bild von sich. Das trägt es vor sich her und wir mit uns herum. So sollen und wollen wir uns sehen und nichts soll sich daran ändern.

Ohne Zweifel sind die bündelnden Kräfte dieses „Ichs" zwingend notwendig für den Menschen zum Überleben, zur Bewältigung seiner alltäglichen Verrichtungen, beim Verfolgen von fernen Zielen, beim Entdecken bisher unbekannter Zusammenhänge und Gesetzmäßigkeiten und auch zur Weiterentwicklung und Kontrolle seines ihn ausmachenden Geistes. Nur fällt es uns schwer und immer schwerer, von den Nöten und Sorgen und dem Kämpfen und Festhalten des „Ich" loszulassen und einfach so zu sein, wenn wir es wollen.

Es fällt uns schwer, vertrauensvoll in uns und eventuell unserem Glauben zu ruhen und in offenen, aggressionsfreien Kontakt zu treten zu unseren anderen Anteilen und den anderen Menschen. Es fällt uns schwer, einfach mal nicht zu funktionieren nach den vermeintlich zwingenden Gesetzen der Welt und stattdessen mit Gefühl in uns und andere hineinzuhorchen.

Es fällt uns schwer, die anderen, die Situation und uns in unserer ganzen Vielschichtigkeit zu akzeptieren. Stattdessen vergeuden wir unsere Kraft mit der Aufrechterhaltung unseres Selbstbildes und der Art, wie wir die Dinge zu sehen haben.

Wir verfallen zu leicht der Annahme, dass wir uns ausschließlich durch dieses „Ich" definieren und es daher kräftig mit Aufgaben und Erfolgen füttern müssen, was ihm zu noch mehr Macht über unser Handeln, Denken und Fühlen verhilft und seine eigenen Merkwürdigkeiten, die uns zunehmend behindern und Achterbahn fahren lassen, ungehindert kultivieren kann.

Statt den Einklang unserer verschiedenen Anteile zu finden, trennen sich diese immer mehr, verstecken sich, streben auseinander und führen ein destruktives Eigenleben. Die für echtes, fruchtbares Mitgefühl nötige Offenheit und Einheit finden wir so nicht. Als Ganzes können wir so nicht dem Ganzen begegnen und uns offen machen für neue Energien und Möglichkeiten.

Um nicht zu sehr von unserem „Ich" und seinen Manipulationen abhängig zu werden, ist es hilfreich, unsere Achtsamkeit zu schulen und weiter zu entwickeln. So können wir den Dingen auf den Grund gehen und besser und bewusster entscheiden, wann was nötig ist. Wir begleiten unser „Ich" kritisch bei seiner Arbeit und entlarven dessen Muster und Zwänge, die uns daran hindern, selbst-bewusster und ganz zu werden.

Wir brauchen uns nicht ausschließlich durch unsere Operationszentrale zu definieren. Wenn diese uns zum Beispiel Sorgen signalisiert, bestehen wir nicht nur aus Sorgen, genauso wie die Sonne trotzdem scheint, auch wenn Wolken ihr Licht verdunkeln.

Uns unserer vielen Anteile bewusster zu werden und damit andere Möglichkeiten als die des programmierten und begrenzten „Ich" zur Konstruktion des Selbst zu erschließen, diese Option zur Selbstverwirklichung steht uns offen.

Bewusstheit verbindet uns mit uns selbst, macht uns stark und im Grunde unzerstörbar und hilft uns, mit unserem unsteten und illusionären „Ich" umzugehen, so dass wir freier werden von Hoffen und Fürchten und frei werden für andere.

Die innere Kraft, die wir beim Vorstoßen zu unserem Selbst entdecken und freilegen, kann uns mutiger und auch demütiger machen und unser Mitgefühl für andere auf eine solide und solidarische Basis stellen. Wenn wir uns selbst verantworten können, können wir auch auf andere antworten.

Was uns an echtem Mitgefühl hindert, sind oft nur Bequemlichkeit und Gewohnheit sowie die Undiszipliniertheit und Unsicherheit, die uns dazu führt, den Raum zwischen uns und den anderen eher mit Misstrauen und Aggressivität zu füllen und lieber die anderen ändern zu wollen als uns selbst.

Das zu ändern und zu überwinden, verlangt immer wieder Wachheit und Arbeit, sonst verkommt unser Mitgefühl, dessen grundlegende Energien in uns bereit liegen, zu einer Kosten-Nutzen-Rechnung und unser Egoismus behält weiterhin die Oberhand.

Wir können lernen und uns umprogrammieren, unserem „Ich" das rechte Maß zuweisen und uns selbst besser kontrollieren. Uns hilft dabei unsere Erfahrung und unsere Reife, die uns die Dinge gelassener und das Wesentliche deutlicher sehen lässt.

Mit Misserfolgen und Enttäuschungen können wir konstruktiver umgehen.

Auch wenn Zweifel und Verzweiflung an Ihnen nagen mögen, auch wenn Sie Liebe vermisst haben und es immer noch tun, brauchen Sie Ihre eigene Liebe nicht zurückzuhalten.

Auch wenn die anderen Sie nicht erwarten, im Grunde werden Sie gebraucht. Sie haben etwas zu geben. Was wollen Sie geben?

# IM RAD DER VERWANDLUNG

*... Und so lang Du das nicht hast,*
*Dieses: Stirb und werde!*
*Bist Du nur ein trüber Gast*
*Auf der dunklen Erde.*

Johann Wolfgang von Goethe

## GELASSENHEIT

Es ist so wie es ist

*Sie lassen los, Sie lassen zu, Sie lassen sich ein.*

Den Weg haben Sie beschritten, Ihren Geist geordnet und ihr Herz geöffnet. Nun kommt es darauf an, am steten Wandel des Lebens wirklich teilzuhaben. Um den Rhythmus des Lebens zu finden, und auch in diesem Rhythmus zu bleiben, ist es nötig, Wandel und Veränderung zu akzeptieren.

Uns bleibt nichts anderes übrig, als uns gelassen dem Rad der Verwandlung zu überlassen. Wir brauchen nichts zu machen, zu kontrollieren, vorzubereiten oder zu bestimmen. Wir entwickeln uns, die Dinge entwickeln sich, die Situationen kommen und gehen. Alles geht seinen Gang. Es ist so wie es ist.

Gelassenheit praktizieren bedeutet, die Dinge so zu nehmen, wie sie sind. Dreh- und Angelpunkt der Gelassenheit ist das *Lassen.* Diese Art des Handelns fällt uns meist ziemlich schwer. Wir sind darauf getrimmt, die Dinge bzw. das Heft in die Hand zu nehmen, etwas zu bewegen, die Entwicklung voranzutreiben, die Natur zu besiegen, den Feind zu bekämpfen und das Leben zu gestalten.

„Die Umstände sollten sich unserem Leben anpassen, nicht umgekehrt“ lautet das beispielhafte und richtungsweisende Leitbild einer Produktwerbung und verpackt darin die Illusion einer schöpferischen Omnipotenz und den klaren Auftrag zum Machen. Die Macher stehen bei uns hoch im Kurs, genauso wie die „action", in der immer etwas um uns herum und mit uns passieren muss und gemacht wird.

Wir sind gewohnt, auf fremde oder beunruhigende Reize, auf Reize überhaupt mit Handeln zu reagieren. Flüchten oder Kämpfen sind unsere Grundmuster. Für beide Möglichkeiten mobilisieren wir automatisch Energie, die unsere Handlungsimpulse kräftigen und zur Erfüllung drängen. Irgendetwas soll geschehen und in irgendetwas setzen wir unsere Energieaufwallung auch um. Sei es, dass wir tatsächlich flüchten und der Situation aus dem Wege gehen oder dass wir kämpfen und der Bedrohung Widerstand leisten. Oder unsere bereitgestellte Energie springt auf etwas völlig anderes über, weil unsere reflexartige Mobilisierung in keiner Weise einer tatsächlichen Gefährdung entspricht. Auf jeden Fall handeln wir und *machen* etwas, wie unsinnig und folgenreich und für andere nicht verständlich es auch sein mag. Als „puren Aktionismus" bezeichnen wir dieses Handeln und wollen damit sagen, dass sich in unserer Verhaltenskette etwas verselbstständigt hat, dessen Sinn und Nutzen nicht mehr greifbar ist.

Auf dem anderen Pol dieses Verhaltenskontinuums kommt die Erstarrung in den Vordergrund. Wie gelähmt erstarren wir bei plötzlichen oder unlösbar erscheinenden Ereignissen. Nichts geht mehr, meinen wir. Im Grunde wirkt hier das Prinzip des Totstellreflexes als letzter Ausweg. Nur ist die Situation meist nicht lebensbedrohlich und unser Verhalten nicht reflexbestimmt, sondern gemacht oder zumindest eingeübt. Wir lähmen uns, auch wenn uns das nicht richtig bewusst ist, gezielt in bestimmten unangenehmen oder unkalkulierbaren Situationen und „rühren" uns nicht mehr, weil wir das für das Beste halten und glauben, wir seien „unsichtbar" und kämen so mit der Situation nicht mehr in Berührung.

Auch die von manchen praktizierte Form des „Aussitzens" von schwierigen Situationen ist eine Art Handlungsstarre, allerdings weniger aus einem Angstreflex heraus, sondern vielmehr als gezielte Blockade der eigenen Beteiligung an der Weiterentwicklung. Beim „Aussitzen" verweigern wir uns der Situation. Wir bekämpfen sie nicht, wir flüchten nicht, wir gehen nicht mit ihr und wir nehmen nicht an ihr teil. Wir sitzen nur „störend" herum, tun so als ob wir nichts wahrnehmen, unterdrücken alle Impulse und hoffen, alles geht vorüber auch ohne dass wir uns den Dingen gestellt haben. Das mag manchmal und für manche nützlich sein und in der gegebenen Situation ein gangbarer Weg, aber es darf nicht mit Gelassenheit und Lassen verwechselt werden.

Wenn wir gelassen sind und etwas wirklich lassen und zulassen können, dann brauchen wir uns nicht zu verschließen und unempfindlich zu machen für das, was passiert. Dann können wir die Situation, die Dinge und die Menschen so lassen, wie sie sind.

Wir müssen nicht gegen sie gehen, wir müssen sie nicht steuern, wir brauchen nicht wegzulaufen und wir brauchen sie nicht zu manipulieren. Wenn wir gelassen sind, können wir mit der Situation gehen und können den Dingen ihren Lauf lassen, ohne sie kontrollieren zu wollen.

Dazu ist Vertrauen nötig, Vertrauen in das Leben, in die Dinge und die Menschen und vor allem Vertrauen in uns selbst. Nicht nur das Leben ist so wie es ist, sondern auch wir selbst sind so wie wir sind.

Wir haben schon eine Weile gelebt, wir kennen uns, unsere Reaktionen, unsere Ängste und unsere Vorlieben. Wir sind, wenn wir uns das richtig überlegen, ziemlich vertraut mit uns und unseren Verhaltensweisen. Was fehlt also, dass wir uns richtig vertrauen können und uns eine Situation so, wie sie ist, und die in ihr schlummernde Herausforderung zutrauen können?

Wahrscheinlich ist unser Kontakt zu uns selbst doch nicht so gut. Wir sind mehr mit unseren Masken und Mustern vertraut. Wir stochern mehr an der Oberfläche oder setzen gerne verschiedene Brillen auf, die uns eher Gewünschtes als Gefundenes zeigen. Was wirklich in uns vorgeht, wollen wir oft gar nicht so genau wissen oder verstecken es vor uns selbst. Wir haben zwar eine Ahnung davon, dass dieser oder jener ungelöste Knoten uns im Magen liegt oder als unverdauter Happen in uns rumort und dass manche Frage nicht aufgearbeitet ist. Unsere Reaktionen auf an sich harmlose Reize oder Ereignisse sind für uns selbst ebenso wie für andere nicht selten aggressiv oder merkwürdig und zumindest unverständlich.

Wir spüren deutliche Zeichen wie Ängste, Vermeidungen und fixe Ideen und nehmen sogar beträchtliche Beeinträchtigungen in Kauf, aber anschauen wollen wir uns mit unseren ungeliebten und verstoßenen Anteilen nur, wenn es unbedingt sein muss und wenn es nicht allzu mühsam und nicht zu schmerzhaft ist. Lieber wursteln wir uns durch und finden immer wieder Wege, auf denen wir weitergehen können, die aber Umwege sind und viele Gebiete meiden.

Nur verständlich ist es dann, wenn wir auf das Unbekannte und unerkannt Brodelnde in uns abwehrend reagieren und wir uns selbst nicht so recht über den Weg trauen. Unser Vertrauen in uns, so wie wir funktionieren und lavieren, ist nicht stabil, weil wir eben nicht genau wissen, wie wir funktionieren und warum wir lavieren. Wir sind nicht sicher, ob wir immer und in allen Situationen richtig und angemessen funktionieren.

Wir fürchten, wir könnten die Kontrolle über das möglicherweise explosive Gemisch und allerlei andere dunkle Kräfte in uns verlieren. Die Grenzen zwischen sich Loslassen, sich Laufen Lassen und sich Gehen Lassen sind uns nicht ganz klar. Wir haben sie noch nicht ausreichend erforscht.

Unser Selbstvertrauen ist nicht so stark, dass wir uns gelassen in uns niederlassen können. Wir lassen nicht los und halten fest an unseren Gewohnheiten und Gerüsten.

Um Gelassenheit zu entwickeln und als grundlegende Einstellung sich verfügbar zu machen, ist es von Nutzen, wenn wir uns besser und bewusster begleiten und mehr über uns Bescheid wissen.

Je genauer wir uns kennen, besonders wenn wir uns überwinden und durch etwas hindurchgehen, je mehr vertrauen wir uns und unseren Möglichkeiten und können dem Kommenden gelassen entgegensehen.

Das Vertrauen in uns, die Dinge und das Leben können wir lernen mit den Jahren. Genauso wie wir Misstrauen und Machen gelernt haben, können wir Lassen, Loslassen und Zulassen einüben und uns zu eigen werden lassen.

Gelassenheit hat etwas mit Altern und Reifen zu tun und ist eine Frucht, die wir pflücken sollten. Weil wir das Werden und Vergehen, vor allem das schwer zu akzeptierende Vergehen, schon erfahren haben und begriffen haben, dass das Leben so ist, wie es ist und nicht unserer Meinung nach sein sollte, können wir entspannt und immer entspannter den Wandel leben. Ein Gewitter oder ein Streit erschrecken uns nicht mehr, wir sehen das Flüchtige, das Vorübergehende in ihnen. Furchtbar wichtige Termine oder Entscheidungen sind nur Tropfen im Fluss.

Trotz Schmerzen und Leid können wir in Krankheit und Krise gerade durch das scheinbar alles zerstörende Chaos auch die Chance zu Veränderung und Zuwachs erkennen und nutzen. Im freien, nicht festgehaltenen Spiel der Kräfte kann die Selbstorganisation unseres Organismus sich entfalten und können die Selbstheilungskräfte wirken.

Wir werden uns unserer Stärken bewusster, genauso wie unserer Schwächen. Wir stellen inneren Einklang her und akzeptieren unsere Hilflosigkeit und Unzulänglichkeit. Wir versuchen, uns als Teil eines Prozesses zu fühlen, dessen Anfang und Ende wir nicht kennen, dessen Sinn und Zweck wir suchen können, aber nicht zu suchen brauchen, in dem wir aber geborgen und gelassen kommen und gehen können. Wir lassen uns ganz zu, so wie wir sind, ohne deprimiert oder euphorisch zu werden. Wir lassen alles los und Neues zu.

Gelassenheit entsteht auch, wenn es uns gelingt, anzuerkennen, dass wir bestimmte Ziele, die wir uns vielleicht vorgenommen hatten, nicht mehr schaffen können und auch nicht mehr wollen. Wir müssen nicht mehr dieser oder jene werden, weil wir schon längst jemand sind. Es gibt Leistungs- und Lebensbereiche, in denen wir „nichts“ mehr werden können, aber wir können der werden, der wir sind. Die Chance zum persönlichen Reifen haben wir immer. Etliches ist vorbeigegangen an uns in unserem Leben und etliches haben wir nicht erkannt und angenommen, aber vieles kommt noch auf uns zu und es kommt darauf an, ob wir dem ausweichen oder uns darauf einlassen.

Genauso gilt es, ablassen zu können von dem Anspruch, überall auf dem Laufenden sein zu müssen und alles zu wissen. Das gilt vor allem für die unverlangt an uns herangetragenen Informationen und Botschaften, die uns zu überwältigen drohen und deren wir uns erwehren müssen, damit wir nicht verwirrt werden und uns unsere innere Ruhe nicht verlässt. Wir verzichten bewusst und gezielt auf das Mögliche und klinken uns aus bestimmten Teilen des Informationsflusses aus, auch auf die Gefahr hin etwas zu versäumen oder ein besonders günstiges Angebot zu verpassen.

Wir können uns auf den Schatz unserer Erfahrungen verlassen und müssen uns nicht mehr zu sehr um die äußeren Dinge kümmern und uns von ihnen abhängig machen. Wir können äußere „Macht" abgeben, um uns mehr um unsere innere „Macht" zu kümmern und uns mehr mit den kommenden Lebensphasen zu befassen.

Wir brauchen nicht mehr so sehr um unser Image besorgt sein und können gelassen die Kritiken und Anfragen der anderen, der Jüngeren entgegennehmen. Unsere Erfahrungen, unser Wissen und unsere hoffentlich zunehmende Gelassenheit des Alters zählen und sind gefragt. Auch wenn Wirtschaft, Werbung und andere noch dem Jugendwahn huldigen, so sind die Älteren, zu denen wir werbetechnisch schon im „zarten" Alter von 40–45 Jahren gehören, stark und nachhaltig im Kommen.

Im Grunde haben Alter und Erfahrung schon immer gezählt und sind für die nachrückenden Generationen trotz aller Datenbänke ein unverzichtbarer Fundus. Wir sind lebende Lebensmodelle, von denen sich, auch in der Abgrenzung und Distanzierung, lernen lässt, mit denen gestritten werden darf und soll und die trotz allem, bewusst oder unbewusst, gewollt oder ungewollt, lebenslanger Halt für Jüngere sind.

Den Jugend*wahn* sollten wir als eine vorübergehende Erscheinung sehen, da er nur mangels ausgearbeiteter Identitätsmuster für die Älteren eine unverhältnismäßige Bedeutung erlangt hat. Altern kann und muss aufgrund verschiedener Entwicklungen über die reine Existenzsicherung hinaus von vielen, nicht von allen, nun auch gestaltet werden. Diese Gestaltung sollten die, die es angeht und die es können, offensiv und selbstbewusst vornehmen und ihre Funktionen und Positionen suchen und finden, nicht weil sie „entdeckt" wurden, sondern weil sie es wollen, weil es gut tut und weil es nötig ist.

Wir Alternden brauchen uns nicht zu verstecken, vor den anderen nicht und vor uns nicht. Wir sind ein Teil des Ganzen, sei es Familie, Wohnviertel, Bevölkerung oder welche soziale Gruppierung auch immer. Wir sind nicht so sehr die unmittelbare Zukunft, aber unser Wissen und unsere Erfahrung sind wichtig für die mittelbare Zukunft. Wir sind in keiner Phase überflüssig, es sei denn wir selbst machen uns überflüssig oder glauben, dass es so ist. Wir sind der komplementäre Teil der Menschheitsentwicklung, im Kleinen Gruppenbezogenen wie im Großen Evolutionären.

Unsere Identität finden wir nicht in der Jugend, sondern in uns und in unseren Altersgenossen und jenen, die schon in Ehren ergraut sind und auch in jenen, die die Mühsal des Alters spüren und uns spüren lassen.

Wenn Sie sich selbst gelassen respektieren als das, was Sie sind, als die Älteren, die Eltern, die Großeltern, als die, die nicht mehr so schnell und ungestüm durchs Leben stürmen, weil sie entweder nicht können oder nicht wollen, wenn Sie das alles akzeptieren und wohlwollend Ihre Veränderungen begleiten, werden Sie auch die anderen, die Jüngeren, respektieren.

In anderen Kulturen und zu anderen Zeiten ist und war der Respekt vor den Alten weitaus ausgeprägter und mehr ins praktische Leben eingebettet, aber Dorfälteste, senior adviser, elder statesman und Ältestenrat gibt es auch bei uns und ihre Bedeutung nimmt wieder zu. Verbindendes Element aller dieser altersweisen Menschen, egal ob in öffentlichen oder privaten Funktionen, ist ihre Gelassenheit, die sie klarer als die anderen sehen lässt, was das Wesentliche einer Situation ist und worum es wirklich geht. Das kann bei der Schlichtung von Streitereien eine große Rolle spielen und ist wichtig um Bewährtes zu bewahren und in Entscheidungen für die Zukunft einfließen zu lassen.

Genauso wie wir lernen, uns zu lassen, können wir es lernen, die anderen zu lassen. Wir brauchen nicht an ihnen herumzumäkeln und -zumachen. Das bedeutet nicht, dass es keine Veränderungen geben soll und wir uns oder etwas nicht verändern sollen. Veränderungen geschehen, sie werden an uns herangetragen. Meistens wissen wir tief in uns, wann eine Veränderung notwendig ist und meistens betrifft diese Veränderung uns selbst und kann auch nur von uns selbst versucht und begangen werden.

Veränderungen zu wollen und zuzulassen bedeutet, sich auf die eigenen Emotionen einzulassen und eingefrorene Gefühle loszulassen. Wenn wir meinen, die anderen müssen sich ändern, damit wir uns besser fühlen, delegieren wir die Arbeit am Selbst und verpassen unsere Reifung zur Gelassenheit.

Veränderung geschieht auch und vor allem viel nachhaltiger, wenn es uns gelingt, das zu lassen, was ist. Wir sehen der „Wahrheit“ gelassen ins Auge. Wir sehen unser Alter und unser Altern. Wir wissen, dass wir nicht jung bleiben können und dass eine „Verjüngungskur“ uns nicht weiterhilft für unsere Weiterentwicklung. Wir wollen keinen Zustand einfrieren oder mit viel Anstrengung gegen den Strom schwimmen und dabei stagnieren. Das kann uns von der oft zwanghaften Vormachtstellung des Machens befreien. Gezieltes und kontinuierliches Lassen kann uns entwöhnen vom permanenten praktischen Eingreifen und seinem geistigen Äquivalent, dem Bewerten. Wir sind so verstrickt in das Machen, dass wir uns dem Geschehen nicht mehr überlassen können. Immer besorgt um unser Wohlergehen, versuchen wir das Leben unseren Vorstellungen anzupassen und verfestigen den Drang und die Illusion, den Fluss des Lebens beschleunigen zu wollen und zu können. Immer wieder fliegen wir dabei aus denselben Kurven, krachen gegen die gleichen Mauern und wundern uns über unsere Verwundungen.

Um Gelassenheit zu üben, versuchen wir unseren Reaktionsimpuls des Machens auszuschleifen, indem wir ihn nicht weiter verfolgen und nicht mit dem „Fleisch des Handelns“ füllen. Gelassenheit üben wir am besten durch Lassen und das fängt mit dem Loslassen von Gedanken und Erwartungen an.

Wir lassen die Situation auf uns zukommen. Wir halten nicht verspannt die Luft an und damit uns fest, sondern wir lassen uns entspannt los und den Atem fließen. Wenn wir in einen verspannten Zustand Energie geben, erhöhen wir die Verspannung. Selbst wenn die Kraft für die Lösung der Verspannung gemeint war, fließt sie auch in den anderen Pol, die Verspannung. Bewegen wir uns jedoch im gelösten Prozess zwischen Anspannung und Entspannung, sind wir offen für die Situation.

Zum Ausprobieren und Erfahren ist uns jede Situation recht. Wir brauchen nicht auf besonders günstige Umstände zu warten. Jede Situation ist so, wie sie ist, und wir können es üben, sie so zu lassen, wie sie ist.

Gelassenheit wird uns dann als ein gewaltiges und machtvolles Instrument zur Verfügung stehen, vor allem in solchen Situationen, in denen ein gelassenes Machen notwendig ist.

## EINSICHT

Wandel und Weisheit durch Erfahrung

*Sie nutzen Ihr Wissen, durchschauen die Dinge und erkennen sich selbst.*

Das könnte die schwierigste Aufgabe sein, die auf uns zukommt, wenn wir Frieden machen wollen mit der Welt, mit dem Leben, mit uns selbst und mit unserem Altern. Wir sehen ein, dass die Dinge so sind, wie sie sind. Wir beenden unsere Trotzhaltung. Wir blockieren nicht mehr, wir opponieren nicht mehr und wir verbarrikadieren uns nicht mehr. Wir sehen ein, dass es besser ist, sich dem Fluss des Lebens zu überlassen. Wir gleiten mit der Strömung, wir lassen los und lassen uns fließen.

Wir gehen mit der Zeit, aber wir brauchen nicht mit den Wölfen zu heulen. Wir brauchen nicht alles zu akzeptieren und zu schlucken. Wir können uns auch gegen etwas stellen, wenn unsere innere Überzeugung uns dazu drängt. Manchmal ist es sogar nötig, gegen den Strom zu schwimmen, wenn wir zur Quelle wollen.

Zur Einsicht können wir gelangen, wenn wir den Dingen auf den Grund gehen, vor allem uns selbst. Wir nehmen Einblick in uns selbst. Wir blättern in uns und dringen immer weiter vor zu dem, was uns ausmacht. Wir erkennen immer klarer, wie wir uns selbst daran hindern, so zu sein, wie wir im Grunde sind. Wir sehen immer genauer, wer wir sind und was für enorme Bauwerke und Konstruktionen wir in und um uns gegen uns selbst und andere errichtet haben, die verhindern sollen, dass wir der werden, der wir nun einmal sind.

Wir nehmen Einsicht in die Zusammenhänge und auslösenden Ereignisse, die das vielleicht früher notwendig gemacht haben und die uns dazu gebracht haben, uns selbst Steine in den Weg zu legen oder uns selbst im Wege zu stehen. Wir sehen vielleicht die „Angreifer“ und „Versucher“, die uns immer wieder von unserem Wege abbringen wollen und deren wir uns immer wieder mühsam und in nicht endenwollendem Ringen erwehren müssen.

Wir erkennen, welche Anstrengungen unsere selbst gebauten Hindernisse und Umwege gekostet haben und immer noch kosten und wir erahnen, wie fließend und friedvoll es sein könnte, einfach nur zu *sein* im Strom der Zeit ohne das kontinuierliche Gefühl, das uns drängt, unsere Schutzvorrichtungen kontinuierlich zu überprüfen und zu verbessern.

Wir sehen ein, dass unser Leben voller und vielleicht auch leichter sein könnte, wenn wir ablassen von unserem Wahn und unserem Wollen, auch wenn es weh tut und schwere Arbeit an uns selbst verlangt.

Wir können hinter die Fassade schauen, wenn wir es wirklich wollen und uns verwirklichen wollen, und sehen das, was wir vor uns und auch vor anderen verborgen haben.

Wir können entdecken, dass wir manches gar nicht machen müssen und etliches kann uns mit zunehmendem Alter einfach egal sein. Wir können die Dinge auf sich beruhen lassen, um mehr in uns zu ruhen.

Einsicht nehmen bedeutet, die alltäglichen Abläufe wirklich wahrzunehmen und mit Achtsamkeit bei ihnen zu bleiben. Daraus entstehen Erfahrungen, gelebte und erlittene Erfahrungen, die sich zu Erkenntnissen verdichten können. Diese Erkenntnisse sind die Folge von innerer Arbeit, von Entwicklungsarbeit. Wir haben etwas in uns aufgenommen, es durchgekaut und verdaut. Die Erkenntnis ist Teil von uns geworden. Wir sind zur Einsicht gelangt.

Der Weg der Einsicht bringt die Kraft für notwendige Veränderungen mit sich, die gründlicher und nachhaltiger unsere inneren Strukturen transformieren können als das zwar überzeugend Wirkende aber von außen Angetragene oder Aufgepfropfte.

Die Anpassungsleistung, die wir erbringen müssen, hat vielfältige Dimensionen. Zum Erhalt der Art sind die evolutionären Vorgaben zu beachten und zu erfüllen. Zum persönlichen Überleben müssen wir alle die Maßnahmen lernen und ergreifen, die einem Mängelwesen zu tun aufgegeben sind. Unsere Gesundheit und unser Wohlbefinden hängen mehr als wir meinen von unseren sozialen und emotionalen Fähigkeiten ab, uns einzufügen und einzubringen in kleine und große Gruppen. Immer gilt es, die Situation so zu erfassen, wie sie ist und sich ihr gemäß zu verhalten. „Die Wahrheit ist auf dem Platz" lautet eine banal klingende aber tiefe und treffende Alltagsweisheit aus der Welt des Fußballs.

Unser Körper und unser Geist sind gut für Anpassungen eingerichtet. Durch spezielle menschliche Fähigkeiten und Flexibilitäten sind wir darauf vorbereitet. Je nach Perspektive des Betrachters und Nähe zum Objekt gelingen diese Anpassungen mehr oder weniger, zwangsläufig oder gar nicht. Oft nehmen wir Entscheidungen und Verhaltensweisen nicht als Anpassungsleistung wahr oder können ihren Sinn erst viel später erkennen und einsehen, welchen Nutzen als Ganzes sie für uns hatte und hat.

Unsere größte und schwerste Aufgabe ist unsere spirituelle Anpassung an uns selbst. Der zu werden, der wir sind, verlangt, viele und weite Wege zu gehen in steter Ausdauer und mit dem unbeirrbaren Willen, uns von keinen Verlockungen und Vermeidungen aufhalten zu lassen.

Wir gehen auf uns ein und durch uns hindurch. Weder Bequemlichkeit noch Gewohnheit, weder Trotz noch abgehobenes Gedankengut halten uns auf. Auch schlechte Erfahrungen, Krankheit oder anderes Leid brauchen uns bei der Erfüllung dieser Aufgabe nicht zu behindern. Jede Situation bietet uns Anlass und Gelegenheit zu lernen und an uns zu reifen. Wenn wir sie nicht nutzen, haben wir eine Chance vertan.

Es gibt immer auch eine *andere* Sicht auf die Dinge, die uns nicht nur hilft, die Dinge für uns erträglicher werden zu lassen, sondern die auch über die Dinge hinausweist und uns eine neue Dimension eröffnen kann. Diese neue und andere Sicht zu finden, ist ein Potenzial, das in uns angelegt ist und das wir nutzen können, nicht nur zur besseren Alltags- und damit auch Alterungsbewältigung, sondern auch aus simpler Neugier auf das, was in uns Menschen steckt, und weil es sich gut anfühlt, erfüllt und ganz zu werden.

Eines der grundlegenden Hindernisse dabei ist unsere Negativität, die unseren Blick verengt statt erweitert, weil wir unsere negativen Gefühle von einer Situation zur nächsten weitertragen als Folge, die wiederum Folgen hat usw. und dadurch unsere Wahrnehmung trübt. Indem wir unsere negativen Gefühle auch noch durch spekulatives Denken zu erklären versuchen, geben wir ihnen Bedeutung und einen festen Platz, so dass wir immer mehr verstrickt werden in unseren Kummer oder unsere Wut und uns immer weiter entfernen von dem möglichen neuen weiten Blick.

Leichter tun wir uns, wenn wir negative Gefühle wie anderes auch als vorübergehende Erscheinungen betrachten können, die nicht zwangsläufig mit jeder folgenden Situation etwas zu tun haben, und die auch nur einen *Teil* von uns ausmachen, der nicht zwangsläufig die Führung über uns zu übernehmen und uns völlig zu vereinnahmen braucht.

Auf dem Weg zu uns selbst gehen wir viele Umwege, wir gehen im Kreis, wir kommen auf Abwege, aber wir finden immer wieder Auswege und die Gewissheit, dass wir mit jedem Schritt, wenn wir ihn achtsam und gelassen setzen, uns selbst ein Stück näher kommen, auch wenn wir uns vorerst von unserem vordergründigen „weltlichen" Ziel zu entfernen scheinen.

Kreativität und Freiheit unseres Geistes werden nicht darunter leiden, wenn wir bewusster leben und handeln und uns einfühlsam und entschlossen auf den Weg zu uns selbst machen. Unsere spirituelle Anpassung wird uns vielmehr freier werden lassen, auch bei anderen Fragen unseren eigenen Weg zu gehen ohne uns anpassen zu müssen an etwas, was uns nicht passt und was nicht zu uns passt.

Wir werden zunehmend klarer sehen können was richtig und was falsch ist. Wir werden uns weniger verwickeln in die Heilserwartungen anderer und unsere eigenen Projektionen und wir werden lernen können, uns leiten zu lassen von dem, was in uns angelegt ist und was die Situation uns anbietet.

Anpassung ist dann keine unzulässige Beschneidung und Verfälschung unserer selbst, sondern eine Vermehrung und Findung.

Für unser Altern bedeutet das, dass wir *mit* uns altern und nicht gegen uns arbeiten. Wir werden mit uns alt und mit unseren beginnenden Veränderungen, zu denen Defizite genauso wie Gewinne gehören.

Wir altern nicht als Ersatzteillager und Chemielabor, nicht als kalkulationsabhängiger Kostenfaktor und Objekt werblicher Wunder und auch nicht mit Illusionen im Kopf und schlechten Gefühlen im Bauch, die uns zu heimlichen, beinahe abhängigen Jugendjunkies werden lassen. Wir brauchen keine Ersatzdrogen und brauchen uns nicht zu verstecken vor unserem Spiegelbild und unseren Sorgen und Ängsten.

Natürlich irritieren uns unsere inneren und äußeren Veränderungen. Natürlich trauern wir diesem und jenem nach, weil dessen Verlust unwiederbringlich ist. Natürlich erfüllt uns die zunehmend klarer werdende Vergänglichkeit des Lebens an sich und unseres eigenen im Besonderen mit Unruhe und Fragen. Wenn es uns gelingt, auch diese Verwirrungen auszuhalten, ohne auf Masken oder Einbildungen zurückzugreifen, haben wir sicher die Chance, unsere Veränderungen zu einem selbstverständlichen Teil unserer selbst werden zu lassen, dem wir vertrauen und den wir nicht missen wollen.

Auch das ist eine im Grunde notwendige Anpassung an unseren Wandel, die uns aufgegeben ist. Da uns jedoch immer und immer mehr Wahl- bzw. Vermeidungsmöglichkeiten zur Verfügung stehen und wir uns vorgaukeln oder vorgaukeln lassen, dass

„Jugend“ machbar ist, entziehen wir uns den nötigen Antrieb, d.h. die Kraft, die aus der „Not“ der Situation entsteht und damit deren „Wendigkeit“ zwangsläufiger und selbstverständlicher macht, so dass wir leichter einsehen, dass wir tatsächlich in uns etwas wenden müssen.

Genauso wie die Gesetze der Natur unser Reifen und Altern notwendig machen, macht es ein erfülltes und sich erfüllendes Altern notwendig, uns diesem Prozess zu stellen und anzupassen.

Eine wichtige Hilfe dabei ist unsere innere Einstellung, der grundlegende Blick, den wir für uns selbst haben. Wenn wir uns selbst überwiegend oder zu sehr als defizitär begreifen, beschränken wir die Sicht und sehen nicht die Weite, in der vieles möglich ist und in der wir schon vieles möglich gemacht haben. Förderlicher und letztendlich auch realistischer für unsere Entwicklung ist es, wenn wir uns als intakten und ganzen Menschen sehen können, der wir immer *auch* sind. Stellen wir das Defizitäre in den Vordergrund, begeben wir uns auf eine Jagd ohne Ende. Entweder haben wir gar keine positive Idealvorstellung entwickelt und irren orientierungslos gefangen im Negativen umher oder wir haben diese so ideal gestaltet, dass sie in unerreichbare Ferne gerückt und ihr Gegenpol, das Negative eben, viel greifbarer ist.

Das betrifft auch die nicht nur für unser Altern so wichtige Vorstellung von Gesundheit, für die wir meist keine realistische Beschreibung haben. Das, was wir Gesundheit nennen, fluoresziert zeitgeistig und benutzerfreundlich als persönliches und kulturelles Konstrukt, in das viele Wünsche, Träume und Zwänge einfließen, und das allenfalls zu einem illusionären Perfektions-zu-stand gerinnt, so dass das Defizitäre und das, was wir Krankheit nennen, uns näher erscheint. „Krankheit“ bekommt so keine Grenzen gesetzt und kann sich in unseren Vorstellungen und Wahrnehmungen ungehindert ausbreiten mit allen individuellen und kollektiven Folgeerscheinungen. Ohnehin sind „Krankheit“ und „Gesundheit“ vielfältig fließende Prozesse, die mehr oder weniger willkürlich in einem Kontinuum angehalten und eingekreist werden.

Ähnlich verhält es sich auch bei unserem Altern. Solange wir nicht wissen, wie unser Reifen und „Größer-werden“ aussehen soll bzw. wir dessen Werden in und an uns nicht vermuten und wahrnehmen, solange drängt sich unser Schrumpeln und „Weniger-können“ unübersehbar in den Vordergrund. Das wiederum hat Folgen für weitere einseitige Wahrnehmungen und passt vorzüglich zu den Interessen des „Anti-aging“-Marktes.

Umso wichtiger ist es, dass wir, solange wir noch keinen festen und uns selbst ermunternden gesicherten positiven Standpunkt zu unserer Gesundheit und unserem Reifen haben, uns fremder Sichtweisen und Einflüsterungen erwehren, die uns lieber unseren Muskelschwund vor Augen halten und unser Altern zu ihrer Angelegenheit machen wollen, anstatt uns auf unseren Zuwachs an Kompetenz und Gelassenheit hinzuweisen, was unsere Selbstverantwortung und Veränderungsfähigkeit weiter stärken könnte.

Achten Sie darauf, welche „Informationen“ Sie sich zuführen wollen, auf welche „Programme“ Sie sich näher einlassen wollen und wie Sie trotzdem und grundsätzlich den Zugang zu Ihrem ganz persönlichen Alterungsprozess aufrecht erhalten können. Ihr Altern ist zuallererst *Ihre* Angelegenheit. Jeder von Ihnen hat seine eigenen Hoffnungen und Ängste, seine eigenen Visionen und Wahrheiten, seine eigenen Neigungen und Pflichten.

Jeder setzt sich anders mit seinem Altern auseinander und hat die Chance, seinen Nutzen daraus zu ziehen, indem er in sich hineinwächst. Altern ist zu einem beträchtlichen Teil tatsächlich das, was Sie daraus machen, wie Sie es subjektiv einschätzen und bewerten. Welche Maßnahmen nötig sind und welche Sie sich wünschen, entscheiden Sie!

Wichtig dabei ist, dass Sie „aging“ als einen umfassenden Lebensprozess sehen, der mit der Leibesfrucht und der Geburt anfängt, mit Ihrem Vergehen und Ihrem Tod aufhört, auf allen Ebenen stattfindet und immerzu Veränderung und Entwicklung beinhaltet. Sie akzeptieren den Alterungsprozess, der schon früh in Ihrem Leben einsetzt, anstatt dagegen anzugehen. Sie sehen ihn als einen Reifungsprozess, der Sie verändert und als ganzen Menschen wachsen lässt, anstatt sich im status quo einzufrieren. Sie finden Spaß daran und versuchen ihn bewusst zu gestalten, anstatt wegzulaufen und anderen die Verantwortung zu überlassen.

Sie werden doch einsehen, dass es wertvoller für Sie und Ihren menschlichen Möglichkeiten angemessener sein wird, Ihren Lebensprozess auf allen Ebenen zu pflegen, bewusst zu begleiten und zu erkennen, als ihn zu vernachlässigen, sich von ihm abzuwenden oder ihn gar in Teilen stoppen und umkehren zu wollen. Ihre Einheit würde auseinander fallen und Ihr Rhythmus würde ins Stottern geraten. Sie würden vor lauter Masken zu einer Parodie Ihrer selbst und dem Klischee einer Idee werden und sich nach einer Weile fragen: Wer bin ich?

Wenn Sie erst einmal begonnen haben, Teile von sich zu verstecken und vor sich wegzulaufen, wird es immer schwieriger werden, sich zu finden und zusammenzuwachsen.

Ihr Lebensprozess, also Ihr Altern, schreitet voran, ob Sie das wollen oder nicht, und wenn Sie nicht mit ihm Schritt halten, werden Sie ihn aus den Augen und den Kontakt zu sich verlieren.

Wenn wir bei uns bleiben und mit uns gehen, wird es uns leichter fallen, uns so zu akzeptieren wie wir sind. Dann können wir auch die angenehmen Anteile unseres jeweiligen Alters klarer erkennen und genießen. Wir können beginnen, die Früchte unseres Lebens zu pflücken und unsere Erfahrungen des Lebens für uns und andere nutzbar zu machen.

Aus unserer Erfahrung wächst uns die Einsicht, dass die Früchte reifen und dass es nötig ist, sie reifen zu lassen. Es ist nicht gut, den Fluss anzuhalten oder schneller zu machen. Das hat ungeahnte und unerfreuliche Folgen, wie uns die Natur immer wieder lehrt. Wenn wir uns nicht reifen lassen, werden wir uns weniger erkennen und einsehen und die Folgen können unangenehm für uns sein.

Unsere Weisheit überfällt uns nicht plötzlich über Nacht und lässt sich auch nicht durch das Zuführen von möglichst viel Informationen erzwingen, selbst wenn diese sich zu beträchtlichem

Wissen verdichtet haben. Wir werden nicht automatisch altersweise, nur weil wir graue Haare bekommen. Oft lassen wir unsere beginnende Altersweisheit auch lieber anderen zugute kommen als uns selbst, weil es uns leichter erscheint, deren Veränderungen zu beeinflussen als unsere eigenen.

Wirkliche Weisheit werden wir vielleicht erlangen, wenn wir auch mal auf unser Wissen als stützendes Gerüst verzichten. Wissen ist bedingt und will trotzdem absolut sein. Wenn es nicht durch uns verarbeitet und in uns geerdet ist zu einer persönlichen Erkenntnis, kann es uns von uns weg und ein Eigenleben führen. Wir lassen Unsicherheit zu und machen uns dadurch offener in unseren Wahrnehmungen, zu denen auch die unserer selbst gehört. So können wir besser überprüfen, ob wir bei uns geblieben sind und ob Theorie und Praxis auseinander driften. Wir bleiben fortwährend in Kontakt mit uns und den vielfältigen Signalen, die wir aus uns empfangen, so verstörend sie vielleicht auch sein mögen, anstatt uns im Objektiven und Äußerlichen abzusichern. Eine mögliche innere Unruhe können wir nützen, um Erstarrungen vorzubeugen und nicht an Positionen festzukleben. Wenn wir in Bewegung geraten und uns *auseinander*-setzen mit eingefahrenen Gewohnheiten, können sich unsere Strukturen ändern und Energien freier fließen lassen. Wir sollten uns deshalb nicht scheuen vor Dissenz und Diskussionen, auch mit uns selbst, und diese als einen kreativen Akt nützen, der nicht aus vorschnellem und sturem Verteidigen einer Meinung besteht, sondern aus Zuhören, Abwägen und Umdenken, damit unsere Sicht sich erweitern kann, statt uns zu begrenzen. Nicht selten krallen wir uns fest an materiellen Formen und Formeln und vergessen unsere geistige *Kraft*, die Neues formen kann.

Um solchen Fixierungen und Einseitigkeiten auf die Spur zu kommen, könnte es nützlich sein, hin und wieder innezuhalten und sich den vergangenen Lebensabschnitt zu vergegenwärtigen und ihn zu hinterfragen, um herauszubekommen, was wir in den Vordergrund gestellt haben, ob wir das so gewollt haben und was wir wie ändern wollen. Das kann uns helfen, herauszufinden, um was es uns in unserem Leben *jetzt* geht und was wir uns für die Zukunft vorstellen. Das kann abweichen von dem, was bis dahin für uns gültig war. Je mehr Einblick wir auf diese Weise in uns bekommen, je mehr Einsicht können wir gewinnen und unser Selbst Wirklichkeit werden lassen.

Allzu oft wollen wir uns raushalten aus unseren inneren Bewegungen und Unsicherheiten. Die Angst und den Aufruhr, den wir spüren, nützen wir nicht als Anlass und oft direkte und tiefe Verbindung zu unserem Kern. Lieber manipulieren wir ein bisschen in uns und um uns herum oder suchen nach Ersatzlösungen. Statt einen möglichen Weg in der Be-*weg*-ung zu sehen, betonieren wir lieber unseren Stand zu.

Lieber machen wir an unserem Körper herum, konstruieren ihn uns nach einem Götzenbild und bauen uns immer mehr ein in ein Netz von Illusionen und Konstruktionen, die uns glauben machen wollen, dies sei unsere wahre Freiheit und eine sinnstiftende Antwort auf das Altern.

Solches Denken, das in den Schwierigkeiten gründet, mit der Endlichkeit umzugehen, lässt den Verdacht aufkommen, dass „Anti-aging" zum Glaubensersatz wird. Selbst wenn wir dem Jugendwahn huldigen sollten oder gemäßigte Formen der geistigen und körperlichen Fitness suchen, selbst wenn wir ganz brav und vernünftig unsere Gesundheit pflegen, so kann dies doch nur ein Mittel zu einem bestimmten Zweck sein und nicht das Ziel an sich.

Es sieht so aus, als ob manche gar nicht reifen und erwachsen werden wollen und lieber in einem ziellosen Zustand verharren und als ob manche diese Einstellung nur zu gerne unterstützen und mit diesem Zustand gerne ihre Geschäfte machen.

Die Verweigerung, das Stehenbleiben, kann schon früh einsetzen, dann, wenn wir unser Altern noch gar nicht als nennenswertes Alter wahrnehmen, aber es kann unser Verhalten prägen und unseren Umgang nicht nur mit dem Altern, sondern auch mit dem Alter beeinflussen. Wenn wir dann tatsächlich ein fortgeschrittenes Alter erreicht haben und unsere Rolle sich in unserer unmittelbaren Umgebung und in der Gesellschaft zu verändern beginnt oder schon verändert hat, kann es schwerfallen, diese, durch den medizinischen und wirtschaftlichen Fortschritt zunehmend länger dauernde Lebensphase mit persönlichem Sinn zu erfüllen.

Wir können zu der Einsicht gelangen, dass es nötig ist, sinnstiftende Aktivitäten zu finden und dass wir diese Sinnsuche und Sinnfindung nicht auf spätere oder letzte Lebensphasen verschieben und in den früheren verdrängen sollten. Eine sich dem Lebensprozess verweigernde Trotzhaltung ist dafür wenig hilfreich. Wenn Sie weiterkommen wollen auf Ihrem Weg, gehen Sie weiter, nicht zurück. Entlarven Sie Slogans wie „Growing younger, living longer".

Wir berauben uns der spirituellen Erfahrung und Dimension, die uns zusteht und die die ungeahnten Möglichkeiten unseres Geistes und unseres Lebens eröffnen kann. Wenn wir weitergehen, auch wenn wir durch vieles hindurch und vieles überwinden müssen, können wir durch Chaos und Krise hindurch vielleicht leichter Stufe für Stufe erklimmen und uns um immer neue Sichtweisen vermehren und uns erfüllen.

Wir können reifen am Baum wie der Apfel auch wenn wir braune Stellen kriegen und die Würmer und Wespen uns attackieren. Wir reifen zur Vollendung wie der Apfel, der wächst, gedeiht und wieder vergeht. Wir wollen doch nicht wirklich ein gespritzter und gedopter Apfel sein, der in künstlichem Rot schimmert, nach nichts schmeckt und plötzlich in sich zusammenfällt.

Unsere Vergänglichkeit schließlich, unser unaufhaltsam näher rückender Tod ist es, der uns, wenn wir es wollen, zur Einsicht bringen kann, wie ungeheuer wertvoll jeder einzelne Moment für uns ist und wie berührend und beglückend es sein kann, unverstellt und unverfälscht Einheit in unserem Leben zu finden und zu bewahren. Wir können unsere innere Stimme (wieder) hören und ihr vertrauen und können Ein-klang finden. Wir werden hoffentlich mehr in uns ruhen und mehr für andere tun. Wir werden hoffentlich friedvoller und mitfühlender.

Welchen Weg wir auch gehen, es führt kein Weg an unserem Tod vorbei. Er ist eine feste, verlässliche Größe, fast die einzige in unserem Leben. An ihr können wir uns orientieren, durch sie können wir klug werden.

Wenn wir unsere Vergänglichkeit nur ein wenig in unser alltägliches Denken und Handeln mit einbeziehen können, nicht als stete lähmende Furcht, sondern als keimende, *festigende* Weisheit, wird es uns gelingen, besser und intensiver im Hier und im Jetzt zu leben.

Wir können besser verstehen, dass Jugend und Alter keine Zustände, sondern Prozesse sind, genauso wie Geburt und Tod Prozesse sind. Wir sind mittendrin und unser bewusstes Leben findet nur jetzt statt.

Alles, was wir jetzt tun, wie wir essen und trinken, wie wir schlafen und wachen, wie wir uns pflegen und bewahren, wird unser Altern und unsere weiteren Lebensphasen beeinflussen.

Es ist nicht selbstverständlich, alt werden zu dürfen. Wen die Götter lieben, den lassen sie alt werden, nicht jung!

## ÜBUNG

### Die Macht der Gewohnheit

*Sie praktizieren neue Formen und löschen alte Muster. Sie schulen und meistern sich.*

Unser alltägliches Handeln ist wie eine immer wiederkehrende Versuchsreihe, in der Schritt für Schritt Verhaltensweisen und Einstellungen sowie deren Veränderungen ausprobiert und erkannt, einstudiert und variiert werden können. Voraussetzung ist, dass wir uns unseres Handelns bewusst sind, es gezielt vollziehen und immer wieder hinterfragen.

Erst durch unser Tun im Alltag können wir die Weisheiten für das Altern überprüfen, an uns anpassen und verfestigen. Der Alltag macht aus unserem gedachten Leben ein gelebtes Leben, aus unserem Lebensentwurf eine Lebenspraxis.

Das Rad der Verwandlung, so wie es in den vorherigen Kapiteln skizziert wurde, vollzieht sich auch und vor allem in unserer alltäglichen Lebenspraxis. Mögen alle anderen Aspekte des Weges, des Geistes und des Herzens immer auch eine Sache der Einstellung und des Denkens sein, unsere *Praxis*, in der wir entscheiden und geistige und körperliche Handlungen mit Folgen umsetzen, gibt unserer Wandlung und damit unserem Reifen und damit unserem Altern die wesentliche Richtung und Ausformung.

Von entscheidender Bedeutung für das, was wir werden, ist das, was wir tun. Erst durch unser Tun können wir für uns als Person unsere Ideen und Vorstellungen mit dem Alltag konfrontieren und im Alltag verankern, sie verwirklichen und wirken lassen. Durch unser Tun werden wir erst zu der Person, die wir sind.

Unsere Praxis hat Macht, sie macht aus unseren Gedanken und Gefühlen ein Stück unserer fleischgewordenen Realität, die wiederum Folgen hat für unsere weiteren Gedanken und Gefühle, die wiederum ausgedrückt und verwirklicht werden in unserem weiteren Tun.

Durch unsere Praxis, durch die wir den Kontakt zur Welt gestalten und durch die wir die Welt auf uns Einfluss nehmen lassen, kommt alles, was sich in uns tummelt ans Licht der Öffentlichkeit und auf den Prüfstand. Nun muss es sich im wirklichen Leben beweisen, damit wir entscheiden können, ob es sich als Wirklichkeit erweist. Erst durch die ganzheitliche „Überprüfung", durch den Ernstfall und seine Folgen, durch den „Fahrtwind", der uns die Flausen aus dem Kopf bläst und uns anders reagieren lässt als bisher, wird uns Erfahrung zuteil, die aus Information Erkenntnis, aus Wissen Weisheit, aus Teilen ein Ganzes und aus einem Zustand Wandel werden lässt.

Das, aus was unsere Alltagspraxis besteht, ist hauptsächlich Übung. Unser Alltag *ist* Übung. Alles, was wir wiederholt machen und auch lassen, hat den Charakter einer Übung. Unser Denken, Fühlen, Handeln, unsere Reaktions- und Verhaltensweisen, unsere Gewohnheiten und Muster, alles haben wir zu großen Teilen eingeübt. Das, was wir tun ist meistens die Folge von Übung oder der Teil einer solchen.

Viele Übungen betreiben wir schon unser Leben lang. Manche wiederholen wir nur alle paar Monate oder Jahre, manche betreiben wir gezielt und täglich zu einem bestimmten Zweck. Viele laufen so automatisch und alltäglich ab, dass wir uns ihrer überhaupt nicht bewusst sind. Manche sind oft mühevolle Einstudierungen von etwas, das wir lernen wollen oder müssen.

Welchen Wert und welches Ziel auch immer diese Übungen für uns hatten oder haben, ob sie Mittel zum Zweck waren oder als Weg für sich standen, ob wir sie hoch motiviert oder nebenher, aus Zwang oder freiwillig, bewusst oder unbewusst ausführten, immer haben wir durch sie gelernt und uns etwas einverleibt. Das ist der Effekt von Übung für Dinge, die wir wollen und gutheißen, genauso wie für Dinge, die wir nicht wollen und ablehnen. Übung als Methode ist weder gut noch böse, sie ist ein Lernvorgang, durch den wir Gutes und Schlechtes, Sinnvolles und Sinnloses lernen und der aus uns das macht, was wir sind und werden.

Übung ist ein machtvolles Instrument, dessen wir uns viel bewusster und gezielter bedienen können. Wir arbeiten ohnehin schon mit ihm unser Leben lang. Dessen sollten wir uns immer gewahr sein und bleiben. Übung ist selbstverständlicher und treibender Teil unseres Lebens. Unser lebenslanges Lernen und Entwickeln, im Kognitiven und Körperlichen, im Emotionalen und Sozialen, gründet sich in Übung, ob wir das wollen oder nicht.

Üben ist lernen und das können wir als Mensch immer, auch wenn wir nicht mehr im „Lernalter" sind, sondern nur noch alt. Wichtig dabei ist, dass wir das Lernen als eine innere *neue* Verknüpfung sehen, die wir wirklich selbst machen und machen müssen, wenn wir uns etwas Neues hinzufügen wollen. Diese Verknüpfung ist nicht von außen möglich, nicht delegierbar und nicht substituierbar.

Es ist einsichtig, dass Übung auch dazu beiträgt, eine Verhaltensweise zu festigen, was Sturheit und Unbeweglichkeit nach sich ziehen kann. Genauso kann sie diese perfektionieren, um Freiraum zu schaffen, damit etwas Spezielles ausdifferenziert oder Neues generiert werden kann. Übung kann stützen und schützen, starr und stur werden lassen, aber genauso Entwicklungen vorantreiben und Neues entstehen lassen.

Ihre wichtigste Kraft für uns Menschen, die wir sie gezielt einsetzen und uns ihrer Wirkung bedienen können, ist ihr Wandlungspotenzial. Durch Üben können wir uns *ändern*. Etwas ist möglich. Wir haben es in der Hand, zumindest können wir es versuchen. Wir können Altes hinter uns lassen und Neues annehmen.

Übung versetzt uns tatsächlich in die Lage, innere Strukturen zu ändern und wieder zu stabilisieren, diesen Vorgang im alltäglichen Leben zu vollziehen und auszudrücken und uns als ganzer

Mensch zu verändern. Wir können ausbrechen aus dem Gefängnis der Gewohnheiten, in dem wir uns selbst gefangen halten. Das lateinische „ex-arcere“ (exercitium) von dem sich „Übung“ herleitet, bedeutet in etwa: ausbrechen aus einem eingeschlossenen Zustand.

Übung ist der Weg des Wandels. Wille und Ausdauer sind dazu nötig, eine klare Zielvorstellung und Offenheit für das, was kommt. Einsicht und Entschlossenheit werden mit zunehmender Übungsdauer wachsen.

Aus der Übung von Muskeln und Musikinstrumenten wissen wir, dass aus stetigem Tun ein Mehr wird, dass wir uns dazu oft anhalten müssen und dass das Tun uns nicht immer Freude bereitet.

Wir können den Zuwachs beobachten und ihn als Belohnung für unser weiteres Tun nutzen. Wir können den Zusammenhang zwischen der Art unseres Übens und unseres Fortschreitens oder Stehenbleibens entdecken und dadurch erfahren, wie wir unser Wachsen und Werden beeinflussen und intensivieren können und wie wir es behindern oder auf Abwege führen.

Das kann vor allem von Bedeutung sein für Dimensionen des Wandels, die sich nicht auf abgrenzbare und überschaubare Segmente des Lebens beziehen, wie etwa zweckgebundene Techniken und Fertigkeiten. Wir können viel erfahren über unsere grundlegenden ganzheitlichen Veränderungen, die uns in täglichem Werden zu dem hinführen, zu dem wir gehören, und die uns helfen, uns selbst zu meistern.

Wandel und Veränderung durch Übung und Lebenspraxis erfahren wir in ganz verschiedenen Lebensbereichen. In jeder Übung und sei sie noch so einfach und „leer“, können wir den Weg zum Wesentlichen beschreiten. Die einfacheren Strukturen können uns üben und lernen lassen für die komplexeren. Übung kann uns zum Meister machen. Es ist jedoch von Bedeutung, mit welcher Bewusstheit und Offenheit wir unser Üben betreiben, ob wir es abspulen oder ob wir uns ihm öffnen und dadurch unseren Tricks und Widerständen auf die Spur kommen, die uns an unserem inneren Einklang und unserem „Glücklich-sein-Wollen“ hindern.

Es erscheint wichtig, die Rolle, die alltägliche wie gezielte Übung in unserem Leben und damit unserem Alltag spielt, richtig einzuschätzen und zu würdigen. In ihrem Lichte und durch ihre Macht erstrahlen alle anderen Aspekte und Weisheiten eines würdevollen, selbstverantworteten und selbstbewussten Alterns und vermehren deren eigene Macht und Wirkung.

Das Vertrauen in Wandel und Veränderung gilt es immer wieder zu gewinnen und zu halten, um Stillstand und Stagnation, Selbstentfremdung und Selbstverleugnung zu verhindern.

Unsere Veränderung schreitet auf jeden Fall voran. In welchen Bahnen und zu welchem Ziel hin sie abläuft, wie nahe wir uns dabei kommen und wie wir sie für unsere Entfaltung nutzen, daran können wir in immer strebendem Bemühen mitarbeiten, um uns zu lösen und erlösen zu lassen von allzu Vordergründigem und scheinbar Festgeschriebenem. Hat an uns „die Liebe gar von oben Teil genommen", dann können wir in äußerer Gelassenheit und innerer Einheit leben und älter werden.

Dieses Gefühl kennen sicherlich einige, wenn etwas „wie von selbst" geht, ohne besondere Anstrengung, selbst wenn es eine besondere Leistung ist. Bei Bewegungen etwa, wie dem langsamen Laufen, kann es das Gefühl von fast schwerelosem Gleiten sein.* Beim künstlerischen Ausdrücken oder der bedingungslosen Rezeption von Kunst ist es das Gefühl, völlig erfüllt und ausgefüllt zu sein mit der Handlung.

Der Gegenstand der Handlung, die Materie um uns, wir und unsere Wahrnehmung verschmelzen zu einer Einheit und schwingen im gleichen, im richtigen Rhythmus. Dieses Gefühl kann uns zuteil werden, wenn wir durch Übung etwas „technisch" immer besser können, wenn uns die „Handlungen" in Fleisch und Blut übergegangen sind. Dann können wir wachrufen und hören, was noch in uns schlummert und so durch unser geübtes Tun eine tiefe Verbindung zu uns herstellen, die uns in unserem Tun als Leichtigkeit und Rhythmus vorkommen mag.

---

* Ulfilas Meyer: Happy Running – Laufiust. Die 7 Weisheiten des Laufens. Reinbeck: Rowohlt 2002.

Die Ziele, die wir uns auf unserem Alterungsweg setzen, und die Übungen, denen wir uns aussetzen, sollten etwas mit *uns* zu tun haben. Sie sollten unser Wissen, unsere Erfahrung, uns als Person berücksichtigen, um das in uns Schlummernde zur Entfaltung zu bringen, und nicht fern und weit außerhalb von uns liegen. „Erfolgsprogramme", welcher Art auch immer, haben nicht zwangsläufig etwas mit uns zu tun. Verführerische Angebote, die Übungen anpreisen, bei denen es „keiner Anstrengung" bedarf um voranzukommen, sollten wir mit Misstrauen begegnen. Veränderung und Wandel und die dazu nötige Arbeit an sich und mit sich selbst treffen fast immer auf Widerstand. Den zu überwinden, geht nicht ohne Anstrengung, seien es körperliche oder seien es geistige Strukturen, die aufgeweicht und gewandelt werden wollen.

Vielleicht wollen wir auch gar keinen messbaren „Erfolg" erzielen, der uns zu einem Denken des Optimierens und Vergleichens verführt. Vielleicht wollen wir unser übendes Handeln lieber als Chance zum Ausprobieren und Experimentieren nutzen, bei dem auch Fehler gestattet sind. Dabei können wir uns entlasten vom zwanghaften Festhalten an vermeintlich Festgeschriebenem.

Vielleicht wollen wir gar nicht „gewinnen" und über einen illusionären Zielstrich laufen, sondern in uns verweilen und uns spüren, statt uns zu messen.

Vielleicht wollen wir uns zwar überwinden und in die Pflicht nehmen, aber eher um (etwas) *aufzubrechen* als um anzukommen.

Vielleicht sind Übungs*programme* für manche hilfreich, ebenso wie verstärkende leistungsorientierte Belohnungssysteme. Je weiter weg sie jedoch von uns sind und je weniger sie mit uns und *unserem* Altern zu tun haben, desto mehr bekommen sie etwas Aufgesetztes und locken unseren inneren Widerstand.

Wir können Alltägliches und Vertrautes zu Übungsprogrammen machen, um Üben zu einer selbstverständlichen Praxis werden zu lassen. Dies fördert unsere achtsame Selbstwahrnehmung wie auch das Bewusstsein für unser eigenes Tun und wird damit zum Motor unserer Entwicklung. Unsere Übung kann zu unserem persönlichen Ritual werden, das uns festigt und formt und identitätsstiftend und -fördernd werden kann.

Abgesehen von den alltäglichen sind das natürlich auch ganz spezielle Übungen, mit denen wir etwas einüben wollen, sei es, um z.B. eine neue Sprache zu lernen, sei es zur Verbesserung körperlicher Abläufe, sei es zur Schulung unseres Geistes, sei es um einst eingeübte Gewohnheiten oder Reaktions- und Verhaltensweisen auszuschleifen und umzuformen. Bestimmte Essweisen z.B., was Inhalt und Form betrifft, haben wir eingeübt und können sie durch Übung wieder ändern, genauso wie die Art und Weise, in der wir auf Menschen freundlich zugehen oder nicht. Auch den Umgang, den wir mit unseren Schwächen gewohnheitsmäßig pflegen, können wir ändern und neu einüben.

Die wegen Widerständen und gegen Widerstände mit Entschlossenheit angegangenen Übungen erinnern uns immer an unsere Ziele, die wir uns gesetzt haben und daran, dass uns etwas fehlt oder wir etwas ändern wollen. Sie begegnen der Gefahr der Illusion, die uns etwas denken lässt, ohne es durch Handeln und „Einfleischung" zu einem Teil von uns zu machen, und uns vorgaukelt, die Dinge seien schon so, wie wir sie denken.

Durch bewusste Übung können wir das Folgenhafte und das Folgerichtige unseres Tuns und Lassens genauer erforschen und erfahren. Nicht selten sind wir nämlich richtiggehend süchtig nach Zuständen und Stimmungen, die wir uns zu verschaffen trachten. Was wir uns da wünschen, sind immer die Folgen von etwas. Dieses „etwas", das meist irgendeine Form von innerer oder äußerer Arbeit bedeutet, wollen wir zum einen gerne überspringen oder verkürzen, indem wir mit Illusionen aller Art und Genese arbeiten. Zum anderen wollen wir die, bekannten oder unbekannten, *unangenehmen* Folgen unserer Bemühungen, die sich zu den angenehmen ohne unser Wollen hinzugesellen, nicht wahrhaben und versuchen, ihre Wirkungen zu ignorieren, was zu einer immer einseitigeren und verfälschenderen Betrachtungsweise führt und Illusionen und Wirklichkeit verschmelzen lässt.

Durch Übung können wir fast alles an und in uns zur Disposition stellen. Wir können fast alles ändern, umlernen, aushalten, vertiefen, verfeinern und letztendlich durchdringen.

Ein Weg dazu und zur ganzheitlichen Änderung und Vertiefung ist die Übung des meditativen sich Lassens, die uns zur Ruhe kommen lässt, indem sie die Arbeitsweise unseres Geistes transparenter macht, in ihre Bestandteile zerlegt und diesen keine Bedeutung gibt. „Still sitzend, den Körper ruhig, schweigend, den Geist in Frieden, lassen Sie Ihre Gedanken und Emotionen – was immer auch erscheint – kommen und gehen, ohne an irgendetwas festzuhalten." *

Wir können das stille Sitzen zu einer täglichen Übung werden lassen. Wir können auch einen anderen Weg gehen, indem wir notwendige oder freiwillige Routineabläufe, wie etwa Haushaltstätigkeiten oder selbstverständliche Bewegungsmuster, nicht nebenbei abspulen und dabei Anteile unserer selbst abschalten, sondern bewusst durchführen. Indem wir unser Tun, so mechanisch es auch sein möge, zum Gegenstand unserer Achtsamkeit machen und *alle* unsere Anteile ein- und zuschalten, nehmen wir als ganzer Mensch an unserem Tun teil, wie langweilig oder unangenehm und unsinnig dies uns anfangs auch erscheinen mag.

Jede noch so banale oder widrige Situation bietet dazu Gelegenheit und fördert Ihre Fähigkeit, sich zu öffnen und sich einzulassen auf das, was ist und kommt.

Kontinuierliches und ausdauerndes Üben wird Ihnen die Wahrnehmung und den Genuss des Fortschrittes und der Veränderung bringen und damit Ihre Motivation verstärken, während nachlässiges und nur gelegentliches Üben diese Verstärkung weniger nutzen kann und auch weniger wirkungsvoll ist.

Ebenso ist es förderlich für die Reifung und Entfaltung, sich in verschiedenen Bereichen von Körper und Geist zu üben und zu schulen, um sich als ganzer Mensch in Bewegung zu halten und zu bringen und nicht nur eine Funktion zu perfektionieren.

Schätzen Sie Ihre Veränderungsmöglichkeiten, vor allem die, die Sie Schritt halten lassen wollen mit Ihrem natürlichen Altern und Reifen, nicht zu gering ein. Persönliches Wachstum ist, wenn Sie es wollen, immer möglich.

---

* Sogyal Rinpoche: Meditation. München: O.W. Barth 1997.

Für Ihr Altern kann das bedeuten, dass Sie sich neue Ziele suchen, dass Sie „ein neues Geschäft“ beginnen, wenn Sie mit einem alten abgeschlossen haben, und wieder aufbrechen zu etwas.

An Ihren angehäuften Erfahrungen und Ihrem Reifen können Sie z.B. andere teilnehmen lassen. Sie können Ihr Wissen und sich als Mensch geben und ein Gefühl von Anerkennung und Bedeutung erfahren und damit den zum politischen Spielball verkommenen „Generationenvertrag“ mit praktischem und solidarischem Leben erfüllen. Auch wenn dafür (noch) keine gesellschaftlichen Formen vorgesehen sind, können Sie die Initiative ergreifen und Ihren neuen „Übungen“ einen tiefen Sinn geben.

Versuchen Sie es und lassen Sie auch Achtsamkeit und Meditation zu Ihrer alltäglichen Übung werden, wenn Sie es nicht ohnehin schon tun. Sie werden neue Erfahrungen machen und neue Sichtweisen werden sich eröffnen. Sie werden Ihren Wandel lebendig halten.

Wenn Ihnen das alles zu fremd und zu schwierig erscheint, dann versuchen Sie einfach, ab und an innezuhalten, sich hinzusetzen oder zu legen und nichts zu tun, weder geistig noch körperlich. Nichts ist wichtig für diesen Moment. Sie brauchen keine Ablenkung zu suchen, kein Problem zu lösen, kein Gefühl zu erklären, sich nicht zu verteidigen, nichts Besonderes darzustellen und müssen auch nicht der Erleuchtung hinterherjagen.

Sie sind so, wie Sie gerade sind.

Nichts ist nötig. Ihr Atem fließt und Ihre Gedanken fließen. Sie fügen dem nichts hinzu. Sie lassen das einfach so, wie es ist. Sie registrieren es nur und versuchen die ungeheuere Leichtigkeit des Seins zu spüren.

Wie schwer das fällt, wenn Sie es nicht üben!

Mit Achtsamkeit werden Sie sich des Augenblicks und Ihrer selbst gewahr. Jetzt ist nur jetzt.

Sie sind wieder am Anfang Ihres Weges.
Sie ordnen sich, Sie öffnen sich, Sie lassen los.
Alles fließt. Sie altern und reifen.
Die Verantwortung dafür kann Ihnen niemand abnehmen.

## NACHWORT

*er wurde alt*
*und vergaß*
*was ist*

*er wurde alt*
*und wußte*
*nur noch*
*was früher gewesen*

*er wurde alt*
*und vergaß*
*was früher gewesen*

*er wurde alt*
*und vergaß*
*vorgestern*
*sich selbst*

*Er wurde jung*
*jetzt da er*
*auch das vergessen*
*vergaß*

Kurt Marti

Kurt Marti, Leichenreden
Mit einem Vorwort von Peter Bichsel

# Literaturempfehlungen

Die im Folgenden aufgeführten Bücher sind weiterführende oder hinführende Literatur. Für mich waren sie eher hinführend, zu mir selbst und zu diesem Buch. Sie haben mich in meiner geistigen Entwicklung beeinflusst und inspiriert. Sie haben mir, zu großen Teilen unabhängig von Zwecken dieses Buches, neue Räume eröffnet, ohne dass ich diese Räume schon ganz betreten oder durchdrungen habe, aber sie haben zur Konstruktion und Gestaltung meines sich wandelnden spirituellen Raumes und seiner jeweiligen Atmosphäre beigetragen. Oft sind es die Autoren, deren Leben und Werk mich beeindruckt und geführt haben. Ihr Buch steht stellvertretend dafür.

Lesen ist ein eher kleiner Beitrag zu meinem Denken. Reduktion der Informationsaufnahme ist ein Gebot für mich. Ich lese wenig Bücher, ich lese sie langsam und über einen langen Zeitraum. Manchmal lese ich eines öfter, manchmal nur einzelne Kapitel. Auch wenn ich an einem bestimmten Thema arbeite und schreibe, will ich nicht allzu viel Geschriebenes dazu erfassen und wissen. Ich lasse Informationen und Texte eher auf mich zukommen und wähle sparsam das mir wirklich wichtig Erscheinende aus. Ich versuche ganz bewusst, in mich hineinzuhorchen und aus mir zu schöpfen, ohne mich von den Blickwinkeln und Deutungen anderer leiten zu lassen.

Ich versuche, das Leben zu lesen und meine Gedanken in *mir* entstehen zu lassen. Das ist mir wichtig. Ich vertraue meinen inneren Quellen und meinem Anliegen, das Wesentliche in den Dingen zu entdecken. Was ist das Wesentliche beim Altern und Reifen? Was bedeutet es, nicht altern zu wollen? Was ist nötig, um beim und durch das Altern sich und seinen Rhythmus zu finden?

Die Perspektive der aufgeführten Bücher, ihr Gehalt, ihre Ausstrahlung, und komme sie nur aus Überschriften oder bestimmten Grundannahmen, haben mich geprägt und hingeführt zu meinen Gedanken für dieses Buch. Mögen die Bücher Sie weiterführen zu etwas Neuem.

Brock, Bazon (Hrsg): Die Macht des Alters. Strategien der Meisterschaft. Köln: DuMont 1998.

HH Dalai Lama/Cutler, Howard C.: The Art of Happiness. A Handbook for Living. London: Hodder and Stoughton 1999.

Dekkers, Midas: An allem nagt der Zahn der Zeit. Vom Reiz der Vergänglichkeit. München: Karl Blessing 1999.

Dürckheim, Karlfried von: Hara, die Erdmitte des Menschen. München: Scherz 1983.

Goethe, Johann Wolfgang von: Der Mann von Funfzig Jahren. Frankfurt a. M.: Insel 1985.

Hanna, Thomas: Beweglich sein, ein Leben lang. Die heilsame Wirkung körperlicher Bewusstheit. München: Kösel 2000.

Hartwig, Ina/Karsunke, Ingrid/Spengler, Tilman (Hrsg): Kursbuch 151. Das Alter. Berlin: Rowohlt. Berlin 2003.

Kaibundo, Mishima (Hrsg): Shoseki Kaneko: Über das Wesen und den Ursprung des Menschen. Leipzig, Zürich, München: Wendepunkt 1934.

Meyer, Ulfilas: Happy Running – Lauflust. Die 7 Weisheiten des Laufens. Reinbeck: Rowohlt 2002.

Nyanaponika: Geistestraining durch Achtsamkeit. Stammbach: Beyerlein & Steinschulte 2000.

Rinpoche, Sogyal: Das Tibetische Buch vom Leben und vom Sterben. Ein Schlüssel zum tieferen Verständnis von Leben und Tod. München: O.W. Barth 1996.

Robert-Koch-Institut (Hrsg): Gesundheitsberichterstattung des Bundes, Heft 10. Gesundheit im Alter. Berlin: Robert Koch-Institut 2002.

Trungpa, Chögyam: Die Insel des Jetzt im Strom der Zeit. Frankfurt a.M.: Krüger 1995.

# Neue Horizonte

Verena Kast
**Lass dich nicht leben – lebe**
Die eigenen Ressourcen schöpferisch nutzen
Band 5314

Authentisch sein: Verena Kast erschließt neue Dimensionen zu diesem Lebensthema. „Nach wie vor erfrischende Lebenshilfe" (ekz).

Margarethe Schindler/Hildegard Nies
**Gelassener leben**
Frauen in der Lebensmitte
Band 5235

Das ganze, volle Leben lieben und auch die späteren Jahre staunend begrüßen. Wie das gelingt, zeigen die Autorinnen mit vielen Beispielen.

Oskar Peter Spandl
**Anti-Aging ganz natürlich**
Länger gesund, fit und jung bleiben
Band 5289

Ein ganzheitliches Konzept – ohne Hormongaben und Zusatzstoffe glücklich und gesund bleiben. Konkrete Anleitungen und Tipps.

Ingrid Riedel
**Die gewandelte Frau**
Vom Geheimnis der zweiten Lebenshälfte
Band 4892

Ingrid Riedel zeigt, wie Frauen neue Perspektiven, Freiheiten und Vertrauen entdecken und erleben können, auch in Zeiten der Krise.

Daniela Tausch-Flammer/Lis Bickel
**Jeder Tag ist kostbar**
Endlichkeit erfahren – intensiver leben
Band 5522

Übungen für eine neue Lebensperspektive.